ZA-ZEN

Die Praxis des Zen

Taisen Deshimaru-Roshi

ZA-ZEN
Die Praxis des Zen

herausgegeben von
Janine Monnot
und
Vincent Bardet

Kristkeitz Verlag

Sehr geehrte Leserin, sehr geehrter Leser,

Wenn Sie Interesse haben sich einer Zen-Gruppe nach Taisen Deshimaru-Roshi anzuschließen, so fragen Sie uns bitte nach Kontaktadressen.

Gern senden wir Ihnen auch regelmäßig und unverbindlich unseren aktuellen Katalog.

Schreiben Sie an:
Werner Kristkeitz Verlag • Löbingsgasse 17
69121 Heidelberg

www.kristkeitz.de

Titel der Originalausgabe: »Za-Zen: La Pratique du Zen.«

ISBN 3 921508 11 8

道

DO – der WEG.

Einführung

Was ist unser Leben? Wir haben keine Zeit mehr zu leben. Die Maschine beraubt uns eher der Freiheit, als daß sie uns befreit. Weder Hungersnöte noch Vernichtungskriege sind von der Erde verschwunden. Unsere Unruhe bekämpfen wir mit Beruhigunsmitteln oder betäuben sie mit Fernsehen. Der Komfort unserer sorgsam abgeschirmten vier Wände schwächt unseren Körper, der Streß der Großstadt überspannt unsere Nerven. Fortschritt ersetzt die Religion, Geld das Sakrament. Die Sorgen nagen an uns und die Angst erdrückt uns. Nachts schlafen wir schlecht. Am Tage sind wir nur halb wach. Wir denken an Nichtigkeiten. Wir denken zuviel. Wir hören nicht auf zu denken. . .

Wir haben nicht einmal mehr Zeit zu atmen. Und im übrigen wird die Luft, die wir atmen, zunehmend vergiftet, das Wasser, das wir trinken, verunreinigt, die Erde, auf der wir leben, übervölkert und ausgeplündert. Gleichzeitig bedroht durch die Selbsterdrückung allen Lebens auf diesem Planeten und die atomare Selbstzerstörung, gewinnen wir ein Gefühl des bloßen, momentanen Überlebens. Und jetzt beginnt es uns auch an Energie zu mangeln, nicht nur der materiellen, der aus Holz, Kohle und Öl, sondern auch an einer viel feineren Form der Energie: der inneren Kraft, sich der Situation zu stellen. Und was für eine Situation! Eine schmerzhafte Reise zwischen Geburt und Tod, ein Bewußtseinsblitz, ein kurzes Leuchten wie ein Funke aus einem Kiesel oder ein Stern, der plötzlich aus der Nacht auftaucht. . .

Wozu sind wir auf dieser Erde? Wir haben unseren Ursprung verloren. Wir kennen uns nicht mehr. Unsere Art verkümmert, weil sie nicht ausreichend versorgt ist mit Licht, Energie, Stille, Leerheit. . . Wie können wir wahrhaft Lebende werden?

Vor zweieinhalb Jahrtausenden in Indien – nicht weit vom Ganges sitzt ein Mann schon sechs Wochen lang unter einem Feigenbaum in Meditation. Sein Körper bewegt sich nicht, und wenn sein tiefer und kraftvoller Atem nicht wäre, hielte man ihn für tot. Völlig unbeweglich, ruhig wie ein Berg. Er weist weder Nahrung noch Schlaf, noch den anmutigen Eifer einer Frau neben sich zurück. Er hat sich einfach nur entschlossen, sich von seinem Platz unter dem Baum nicht wegzubewegen, bevor er nicht das Problem von Geburt und Tod gelöst hätte. Eines Nachts, kurz vor Sonnenaufgang, als die Venus am Himmel glänzt, entdeckt er das letzte Geheimnis: „In den letzten Stunden der durchwachten Nacht habe ich das höchste Wissen erreicht. . . Die Finsternis wurde verjagt und das Licht erschien." Er ist *Buddha* (Sanskrit: der Erleuchtete) geworden. Er hat einen Diamanten entdeckt. Wird er ihn für sich behalten? Er hat den Schlüssel gefunden. Soll er ihn verschenken? Einen Moment lang zögert er. Dann entscheidet er sich, sein ganzes irdisches Leben der Weitergabe des Geheimnisses zu widmen.

Und dies ist das Geheimnis: *Zuerst einmal SITZEN. In der Haltung des Buddha. Konzentriert auf die Körper-*

haltung und die Atmung.

Die Einfachheit des WEGES ist verwirrend. Nur SITZEN. Ohne Vorbehalte. Ohne Gedanken. Leer. In der Haltung der Erweckung. . .

Dem Buddha folgen Menschenmassen, und er ist umgeben von einer eifrigen Schar von Schülern. Seine Botschaft durchläuft alle Ebenen der Existenz. Sie nimmt die Gestalt einer tiefen Philosophie an und wird zu einer strengen Morallehre ausgebaut. Sie konkretisiert sich in einer religiösen Bewegung von ungeheurem Ausmaß, die ganz Asien durchdringt. Doch schon sehr bald nach seinem Tode lehnen es einige Schüler ab, die Betonung auf die Interpretation der Schriften und die Befolgung der Moralvorschriften und Riten zu legen. Dafür legen sie Wert auf die praktische Übung hier und jetzt der Haltung des Buddha. Und sie vertreten die Meinung, daß die Essenz seiner Lehre außerhalb der Schriftstücke, „von meiner Seele zu deiner Seele", durch einen Meister weitergegeben wird, der sie selbst in der direkten Linie der Nachfolge Buddhas empfangen hat. Denn die Tradition überliefert die ursprüngliche Weitergabe der Lehre in dieser Anekdote:

„Bei einer Rede gegen Ende seines Lebens nahm der Buddha eine Blume in die Hand, zeigte sie seinen versammelten Schülern und drehte sie, ohne ein Wort zu sagen, vorsichtig zwischen seinen Fingern. Niemand verstand, außer Mahakashyapa: er lächelte. Er allein hatte in diesem Augenblick die Essenz der Lehre des Buddha verstanden."

Das ist der konkrete Ursprung des Zen.

Im sechsten Jahrhundert unserer Zeitrechnung brachte Bodhidharma, ein ceylonesischer Mönch, die kostbare Saat der „Übung hier und jetzt" nach China.

Die buddhistische Religion und ihre Schriften hatten das Land schon durchdrungen, und der Kaiser hilet sich für einen eifrigen Buddhisten. Er fragte Bodhidharma:

„Was ist das höchste Prinzip der heiligen Wahrheit?"

Bodhidharma antwortete: „Unergründliche Leerheit und nichts Heiliges."

Der Kaiser gab zurück: „Wer aber tritt mir denn so gegenüber?"

Bodhidharma antwortete ihm: „Ich weiß es nicht!"

Der Kaiser verstand nicht. Und Bodhidharma zog sich für neun Jahre in die Berge zurück, wo er sich ausschließlich der Versenkung in der Haltung des Buddha widmete, das Gesicht der Felswand zugekehrt. . .

Schon nach einigen Generationen vernahm ganz China seine Botschaft, und es gab in diesem von der Weisheit des TAO genährten Land keinen Flecken mehr, auf dem das Geheimnis des Buddha nicht verbreitet gewesen wäre. Meister wie Hui-Neng, Huang-Po und Lin-Lin-Chi (Japanisch *Eno, Obaku, Rinzai*) traten auf und verbreiteten eine Lehre voll kosmischer Frische und Kraft, die zur ursprünglichen Einfachheit zurückführte, und sie konfrontierten jeden von uns mit der dringenden Notwendigkeit, unsere ursprüngliches Gesicht zu betrachten.

Immer weiter nach Osten sich ausbreitend, erreichte die Lehre sechs Jahrhunderte später wie eine Schwingung Japan, zuerst durch Eisai, der die Lehre von Rinzai einführte, und etwas später durch Dogen.

Am Ende einer Reise nach China hatte Dogen die unerschütterliche Überzeugung gewonnen, daß das uneigennützige SITZEN in der Haltung des Buddha die Erweckung selbst ist, und die Erweckung nichts anderes als dies. Er widmete die dreißig Jahre, die ihm noch zu leben blieben, der Verbreitung der Prinzipien des ZAZEN (Japanisch *za* = sitzen). Das ist der Ursprung der Soto-Zen-Schule, die hauptsächlich ausgerichtet ist auf die praktische Übung der Haltung der Erweckung, hier und jetzt. Das Zen blühte auf dieser großen, damals von Wäldern bedeckten Insel, die von der Kriegerkaste der *samurai* beherrscht wurde. Es prägte die Bräuche der Einwohner sogar derart, daß noch heute, wo sonst nur noch Spuren der vergangenen Pracht vorhanden sind, das tägliche Leben der Japaner durch seinen Einfluß gezeichnet und bestimmt wird.

Zwischen den beiden Weltkriegen trat dann ein großer Meister hervor: KODO SAWAKI. Er war ein kühner Reformator, der zu den Ursprüngen des Zen zurückfand, der Lehre Dogens und der Weitergabe der ursprünglichen Botschaft: die Übung ist die Erweckung selbst, und die Erweckung nichts anderes als die Übung. Er zählte TAISEN DESHIMARU zu seinen Schülern. Als er seinen Tod nahen fühlte, gab er Taisen die Mönchsweihe auf Lebenszeit, übertrug ihm die Essenz des Zen durch *shiho* und machte ihn so zu seinem Nachfolger.

Taisen Deshimaru ist ein Meister, der mit einer ganz besonderen Aufgabe betraut worden ist: Zen in Europa zu verbreiten. Er kam Ende 1967 als von den leitenden Persönlichkeiten des Soto-Zen[1] allein bevollmächtigter Repräsentant für ganz Europa (*kaikyosokan*) nach Frankreich, und wird darin auch von den anderen Zen-Schulen Japans, Rinzai und Obaku, unterstützt. Und er betont: Zen, das heißt Zazen, die Haltung der

1. Yamada Reirin-Zenji (Tempel Eihei-ji) und Iwamoto-Zenji (Tempel Soji-ji).

Erweckung und die Erweckung selbst sind nicht voneinander zu trennen.

In seinem *dojo* in Paris sammelt er von Jahr zu Jahr mehr Anhänger und Schüler um sich. Er reist, er lehrt, er verbreitet die Praxis, die er selbst von seinem Meister empfangen hat und die das Wesen der Weitergabe der Lehre von Meister zu Meister seit Buddha ausmacht.

ZA-ZEN, Die Praxis des Zen, das vorliegende Buch, stellt für Europa etwas völlig Neues dar. Es ist, meinen wir, das erste, das die mündliche Lehre eines lebenden Zen-Meisters direkt weitergibt.

Man kann diesen Meister in seinem *dojo* in Paris oder bei einem seiner *sesshin*, die überall in Europa stattfinden, treffen.

Seine Worte wurden von mehreren seiner nahen Schüler gesammelt und zusammengestellt. Bei der Redaktion dieses Buches haben Frau Janine Monnot und Herr René Lemaire mitgearbeitet. Durch sie, Schüler Meister Deshimarus, konnten seine Gedanken unverfälscht niedergeschrieben, seine Rede unverändert weitergegeben werden.

Die Botschaft Meister Deshimarus ist diejenige aller wahren Meister und aller Buddhas: einfach nur SITZEN. Ohne Ziel und ohne Streben nach Nutzen. Das Wesentliche ist Zazen. Die Haltung der Erweckung.

VINCENT BARDET

Es heißt, man habe am Portal einer rationalistischen Akademie in den Vereinigten Staaten lesen können: „Gott ist tot, gezeichnet: Nietzsche". Eines Morgens fand man unter diesem Motto, in der Nacht mit unauslöschbarer Farbe geschrieben, den Satz: „Nietzsche ist tot, gezeichnet: Gott".

Der wahre Gott existiert. Er stirbt niemals, denn Gott bedeutet die höchste Wahrheit, oder die Grundenergie des Universums überhaupt. Gott existiert, doch die Menschheit ist vor ihm geflüchtet, die moderne Zivilisation hat der Ordnung des Universums vollständig den Rücken gekehrt. Wie können wir die kosmische Ordnung und Wahrheit – oder Gott – wiederfinden und ihr folgen?

Im Abendland haben Philosophen, Schriftsteller und Denker dieses Problem aufgeworfen, ohne je zu einem Schluß, einer Lösung, einer Methode für die Praxis gelangt zu sein. Seit ich in Europa bin, habe ich nicht aufgehört, mit meinen Schülern, die der kosmischen Ordnung näherkommen wollen und dafür eine wahre, starke und effektive Methode suchen, Zazen zu üben. Mein Zen faßt die Lehre aller Buddhas, aller Meister und Weisen und die geistige Erfahrung Asiens zusammen. Eine Lehre, deren Essenz Harmonie, die Vereinigung des Materiellen und des Geistigen ist. Die höchste Weisheit erstrebt den Frieden, die Einheit, jenseits aller Relativität, Dualität und aller Gegensätze.

Wenn Sie, die dieses Buch lesen, zu einem recht breiten Leserkreis zählten, wäre ich sehr glücklich. Durch die Vereinigung des östlichen und des westlichen Geistes werden Sie, in Europa, die höchste Dimension des Lebens erschaffen.

Mögen Sie heute und in Zukunft wahrhaft glücklich sein!

TAISEN DESHIMARU

HIER UND JETZT

Der reine Wind
Weht bis in die Unendlichkeit.

Das Geheimnis des Schwertweges

Ein junger Mann kam eines Tages zu einem großen Meister des Schwertweges (*kendo*), um sein Schüler zu werden. Der Meister nahm ihn an: „Von heute an", sagte er, „wirst du jeden Tag im Wald Holz fällen und im Fluß Wasser schöpfen."

Das tat der junge Mann drei Jahre lang, dann sprach er zu seinem Meister: „Ich bin gekommen, die Schwertkunst zu erlernen, doch bis heute habe ich noch nicht einmal die Schwelle Eures *dojo* überschritten."

„Also gut", sagte der Meister, „heute wirst du eintreten. Folge mir... Und jetzt laufe in dem Raum herum, und zwar immer vorsichtig auf der Kante der *tatami*-Matten, ohne sie je zu übertreten."

Der Schüler beschäftigte sich mit dieser Aufgabe ein Jahr lang, bis er endlich in große Wut kam.

„Ich gehe. Ich habe nichts von dem gelernt, was ich zu suchen gekommen bin!"

„Nun denn", antwortete ihm darauf der Meister, „heute werde ich dir die höchste Unterweisung geben. Komm mit mir."

Der Meister führte seinen Schüler in die Berge. Bald befanden sie sich vor einem Abgrund. Ein einfacher Baumstamm diente als Übergang über die tiefe Leere. „Also los, geh hinüber!" sagte der Meister zu seinem

Schüler. Beim Anblick des Abgrundes von Angst und Schwindel gepackt, blieb der junge Mann wie gelähmt stehen.

In diesem Augenblick kam ein Blinder heran. Ohne zu zögern, ging er, mit seinem Stock tastend, auf den gebrechlichen Steg zu und schritt ruhig hinüber. Das genügte, um den jungen Mann erwachen und alle Furcht vor dem Tode verlieren zu lassen. Kurzerhand eilte er über die Schlucht und fand sich auf der anderen Seite.

Sein Meister rief ihm zu: „Du hast das Geheimnis der Schwertkunst gemeistert: das Ich aufgeben, den Tod nicht fürchten. Beim Holzhacken und Wasserholen jeden Tag hast du dir eine starke Muskulatur erworben, beim aufmerksamen Laufen auf der *tatami*-Kante hast du die Präzision und Feinheit der Bewegung erreicht. Und gerade eben hast du das Geheimnis des Schwertweges verstanden. Geh! Du wirst jetzt überall der Stärkste sein."

Was ist Zen?

Das Geheimnis des Zen besteht darin, in einer Haltung tiefer Konzentration einfach zu SITZEN, ohne Ziel und ohne Streben nach Nutzen. Dieses derart uninteressierte Sitzen nennt man *zazen*, wobei *za* „sitzen", und *zen* „Meditation, Konzentration, Versenkung" bedeutet. Die Haltung, die Essenz des Zen, wird in einem *dojo*, dem 'Ort der Übung des WEGES', gelehrt. Das ist die Aufgabe eines Meisters, der, in traditioneller Weise eingeweiht, in der direkten Nachfolge der Patriarchen und des Buddha steht.

Die Ausübung des Zazen hat eine sehr positive Wirkung auf Körper und Geist. Sie führt beide zurück zu ihrem normalen Zustand.

Zen kann weder in Begriffe gezwängt noch durch den Verstand wiedergegeben werden, man muß es vielmehr *ausüben*: Zen ist ganz wesentlich eine Erfahrung. Die Intelligenz wird dabei nicht unterbewertet; nur, man strebt nach einer höheren Dimension des Bewußtseins, die nicht in einer einseitigen Sicht der Wesen und Dinge steckenbleibt. Das Subjekt ist im Objekt, und das Subjekt enthält das Objekt. Es handelt sich darum, durch die Übung das Überschreiten aller Gegensätze, das heißt aller Formen des Denkens, zu erreichen.

Der philosophische Ausdruck des Zen-Buddhismus

hat daher nichts von einem nötigenden und rigiden Gedankensystem. Es ist vielmehr die Weitergabe von Gedanken, geschmiedet durch die tausendjährige und doch jeden Tag immer wieder neue Erfahrung der Erweckung.

Einige wenige Schlüsselworte können den Menschen verändern, sie polarisieren und ordnen das Feld des Erlebten. Die Worte reagieren aufeinander, kommunizieren, ohne dabei die Kontinuität zu verändern, den ungreifbaren, fließenden Charakter der Wirklichkeit, die sie helfen zu umfassen. Sie erhellen das an seiner Wurzel gepackte tägliche Leben.

Hier und Jetzt ist der Schlüsselbegriff überhaupt: das Wichtigste ist die Gegenwart. Die meisten unter uns haben die Neigung, ängstlich an die Vergangenheit oder Zukunft zu denken, anstatt ihre volle Aufmerksamkeit ihren augenblicklichen Handlungen, Worten und Gedanken zu widmen. Man muß in jeder Bewegung vollständig gegenwärtig sein: sich hier und jetzt konzentrieren – das ist es, was Zen uns zu lehren hat. Ebenso zentral ist der Ausdruck „einfach nur SITZEN" (*shikantaza*), „uninteressiert, ohne Ziel und Gewinnstreben" (*mushotoku*).

Meister Dogen, der im 13. Jahrhundert Zen in Japan einführte, hat gesagt:

Zen zu ergründen bedeutet, uns selbst zu ergründen,
uns selbst zu ergründen bedeutet,
uns selbst zu vergessen,
uns selbst zu vergessen bedeutet, die Buddhanatur,
unsere ursprüngliche Natur, zu finden.

Zurück zum Ursprung. Uns selbst verstehen, uns wirklich kennenlernen, unsere wahres Ich finden. Da

Im Sessel der Patriarchen im Tempel
Teisho-ji – die Haltung des Zazen

liegt die zeitlose Essenz aller Religionen und Philosophien, die Quelle der Weisheit, das reine Wasser des Baches, der aus der regelmäßigen Übung des Zazen entspringt. 'Buddhanatur' bedeutet: der natürliche und ursprüngliche Zustand unseres Geistes, das heißt der normalste Zustand, der möglich ist. Je mehr wir uns dieser normalen Bewußtseinsstufe, diesem reinen Geist nähern, um so mehr können wir um uns herum eine strahlende, fruchtbare und wohltuende Atmosphäre schaffen. Je mehr wir uns davon entfernen, um so mehr werden wir eine Beute der Umwelt.

Wenn wir unsere Hände öffnen, können wir alles empfangen. Wenn wir leer sind, können wir das ganze Universum in uns schließen. Leerheit[1] ist derjenige Zustand des Geistes, der an keiner Sache haftet. Meister Sekito, ein berühmter chinesischer Meister, schrieb:

Auch wenn der Ort,
an dem wir die Versenkung üben,
sehr klein ist,
enthält er doch das ganze Universum.
Auch wenn unser Geist begrenzt ist,
enthält er doch
die Grenzenlosigkeit.

Zen steht jenseits aller Widersprüche. Es enthält und überschreitet sie. These, Antithese, Synthese, und

1. Leerheit, oder *ku*, ist kein negativer, nihilistischer Begriff. Kein absolutes Nichts ist gemeint, sondern Leerheit als Gegenpol und Bedingung der Erscheinungen, welche aus ihr erst entstehen. *Ku* ist schöpferisch. Wie aus der modernen Atomphysik bekannt, ist Materie letztlich eine Konstellation von Zuständen der Leere, was dem entspricht. (Anm. d. Übers.)

darüber hinaus. Wenn die Zenmeister auf die Fragen ihrer Schüler mit einem Rätsel antworten, das einem unsinnigen Witz ähnelt, so handelt es sich doch nicht um einen Scherz. Der Meister bemüht sich immer, den Schüler dazu zu bringen, über das Denken hinauszugehen. Zum Beispiel sagt ihr: „weiß", und er antwortet euch: „schwarz", damit ihr selbst den Schritt darüber hinaus tut. Er vertritt damit keine These, sondern weist auf das andere Extrem der Behauptung, damit der Gesprächspartner selbst die rechte Mitte finde. Wenn ich sage: „Wenn man stirbt, stirbt alles", dann ist das nicht außerhalb der Wahrheit, sondern es ist nicht die ganze Wahrheit. Wir müssen darüber hinausgehen! Auf die Frage: „Was ist die Essenz des Buddha?" antwortete Huang-Po: „Die Klosettbürste."

Ich sage manchmal: „Diese Buddhastatue, vor der ich mich verneige, ist nur aus Holz, sie ist nichts, man kann sie verbrennen. Doch das ist bedeutungslos – ich verbeuge mich dennoch mit dem tiefsten Respekt dreimal vor ihr, denn sie symbolisiert die absolute Buddhaschaft, die Gottnatur." Man muß immer alle Seiten einer Erscheinung sehen.

Sicherlich sind die Religionen zu einer bestimmten Zeit und an einem bestimmten Ort ausgezeichnet. Doch als Praxis der Essenz, als Erfahrung des Ursprungs geht Zen über Raum und Zeit hinaus, durch seine Einfachheit und seinen universalen Charakter kann es der Angelpunkt der Evolution sein. Wie ein reißender Frühlingsstrom die Weiden zum Leben erweckt, ruft es eine innere Umwälzung, eine Veränderung des Wesens hervor.

Wenn man sich nicht entwickelt, verkümmert man. Wenn man nicht schaffend tätig ist, stirbt man. Wenn deine rechte Hand behindert ist, dann benutze die linke.

Erwachen, schöpferisch sein, intuitiv – jeder von uns macht die Zivilisation.

Zen ist Erziehung in Stille.

In der Stille erhebt sich der unsterbliche Geist,
und wortlos kommt die Freude.

Die moderne Erziehung räumt der Sprache und der Diskussion den ersten Platz ein, doch oft drücken die Worte nicht den wahren Geist oder die tiefinnerste Haltung aus. Die Sprache ist fast immer unvollständig. Nur in dem Augenblick, in dem sie ganz präzise wird, übermitteln wir unsere Erfahrung „von meinem Herzen zu deinem Herzen" (*i shin den shin*).

Zen reicht an die höchste Weisheit, an die tiefste Liebe. Die Weisheit allein ist manchmal kalt, sie ist wie der Vater ohne die Mutter. Die Religion kann, von allem Formalismus gereinigt, den Geist der Liebe schenken. Die Große Weisheit ist ganz wesentlich die Rückkehr zum Ursprung, der Wahrheit des Universums, der Grundlage unseres Lebens, jenseits der Erscheinungsformen.

Die religiöse Erfahrung kann so wieder die belebende Quelle der menschlichen Existenz werden, die sie zu ihrer höchsten Ebene hin öffnet.

DIE HALTUNG
DER ERWECKUNG

Beim Blumenstecken
Durchdringt der Duft die Kleider.

Das Geheimnis des Zen ist die praktische Übung von Zazen

Zazen ist schwierig, ich weiß das wohl. Wenn man es täglich übt, ist es jedoch sehr wirksam für die Erweiterung des Bewußtseins und die Entwicklung der Intuition. Zazen setzt nicht nur große Energien frei, sondern es ist auch und gerade die Haltung der Erweckung.

Während man übt, darf man nichts erreichen wollen, was es auch sei. Ohne Zweckgerichtetheit ist es allein Konzentration auf die Haltung von Körper und Geist und die Atmung.

Die Haltung

Man sitzt auf der Mitte des runden Kissens (*zafu*) und kreuzt die Beine in der Lotus- oder Halblotusstellung. Wenn beides unmöglich ist und man die Beine nur kreuzt, ohne einen Fuß auf den Oberschenkel des anderen Beines zu legen, so muß man dennoch die Knie fest auf den Boden drücken.

In der Lotusstellung drücken die Füße auf jedem Oberschenkel auf Zonen mit wichtigen Akupunkturpunkten, die den Leber-, Blasen- und Nierenmeridianen zugehören. Früher haben die *samurai* diese Energiezentren automatisch durch den Druck der Schenkel auf das Pferd angeregt.

Das Becken ist ab der Höhe des fünften Lendenwirbels nach vorn geneigt. „Man hat den Eindruck", pflegte mein Meister Kodo Sawaki zu sagen, „daß der After die Sonne betrachten wolle." Die Wirbelsäule wird gut gewölbt und der Rücken gerade gehalten. Man drückt mit den Knien auf die Erde und mit dem Kopf gegen den Himmel. Das Kinn wird zurückgezogen und der Nacken gut gestreckt. Der Bauch ist entspannt, und die Nase steht in senkrechter Linie über dem Nabel.

So ist man wie ein gespannter Bogen, mit dem Geist als Pfeil.

Nachdem man diese Haltung eingenommen hat, legt man die Fäuste (Daumen innen) auf die Schenkel in der Nähe der Knie und balanciert den Rücken ganz gerade aus, sieben, acht Mal nach links und rechts, indem man die Bewegung jedesmal etwas reduziert, bis man das Gleichgewicht in der Senkrechten gefunden hat. Anschließend grüßt man mit *gassho*, das heißt, man legt beide Handflächen vor dem Körper in der Höhe der Schultern zusammen, wobei die gebeugten Arme in einer waagerechten Linie bleiben.

Man muß jetzt nur noch die Hände – die linke in der rechten, Handflächen nach oben gewendet – an den Unterbauch legen. Die Daumen berühren sich mit ihren Spitzen und werden unter leichter Spannung gerade gehalten. Sie bilden weder Berg noch Tal.

Die Schultern fallen natürlich nach unten, so als wären sie zurückgezogen und nach hinten geworfen. Die Zungenspitze berührt den Gaumen. Der Blick richtet sich von selbst ungefähr einen Meter vor dem eigenen Körper auf den Boden. In Wirklichkeit geht er nach innen. Die halbgeschlossenen Augen betrachten nichts – selbst wenn man, intuitiv, alles sieht!

Die Atmung

Sie spielt eine ganz wesentliche Rolle. Jedes Lebewesen atmet. Im Anfang ist der Atem.

Die Zen-Atmung ist mit keiner anderen vergleichbar. Sie zielt in erster Linie darauf, einen langsamen, kraftvollen und natürlichen Rhythmus zu schaffen.

Wenn man sich auf ein geschmeidiges, langes und tiefes Ausatmen konzentriert und die Aufmerksamkeit auf die Haltung lenkt, geschieht das Einatmen auf ganz natürliche Weise. Die Luft wird langsam und leise ausgestoßen, während der durch das Ausatmen hervorgerufene Druck kraftvoll in den Bauch hinabsteigt. Man „drückt auf die Eingeweide" und bewirkt so eine heilsame Massage der inneren Organe.

Die Zen-Meister vergleichen die Zen-Atmung mit dem Muhen einer Kuh oder dem Ausatmen eines Babys, das gleich nach der Geburt schreit. Dieses Atmen ist das *om*, der Samen, das *pneuma*, die Quelle allen Lebens.

Die Haltung des Geistes

Die richtige Atmung kann nur aus einer korrekten Haltung hervorgehen. Gleichermaßen ergibt sich die Haltung des Geistes auf natürliche Weise aus der tiefen Konzentration auf die Körperhaltung und die Atmung. Wer ATEM hat, lebt lange, intensiv und glücklich. Die Übung des richtigen Atmens erlaubt es, alle nervlichen Belastungen auszugleichen, Instinkte und Leidenschaften zu meistern und die geistige Aktivität zu kontrollieren.

Der Blutkreislauf im Gehirn wird in bemerkenswerter Weise verbessert. Die Gehirnrinde erholt sich, und der bewußte Gedankenfluß hält inne, während das Blut die tiefen Schichten durchdringt. Derart besser versorgt, erwachen sie aus ihrem Halbschlaf, und ihre neue Aktivität bewirkt ein Gefühl von Wohlbefinden, Heiterkeit und Ruhe, ähnlich wie im tiefen Schlaf und doch ganz und gar wach.

Das Nervensystem ist entspannt, der Hirnstamm, Thalamus und Hypothalamus, in voller Aktivität. Man ist durch jede einzelne Zelle des Körpers hindurch in höchstem Grade aufnahmefähig und aufmerksam. Man denkt unbewußt mit dem ganzen Körper, jede Dualität, alle Gegensätze sind überwunden, ohne daß man dazu Energie aufbringen müßte.

Die sogenannten primitiven Völker haben sich die tiefen Schichten des Gehirns sehr aktiv erhalten. Indem wir unsere Art von Zivilisation entwickelt haben, haben wir zwar den Intellekt geschult, verfeinert und verkompliziert, jedoch die mit dem inneren Kern des Gehirns verbundene Kraft, Intuition und Weisheit vergessen.

Gerade aus diesem Grund ist Zen ein unschätzbarer Wert für den Menschen von heute, zumindest für denjenigen, der Augen hat zu sehen und Ohren zu hören.

Durch die regelmäßige Übung von Zazen wird ihm die Chance gegeben, ein neuer Mensch zu werden und zum Ursprung des Lebens zurückzukehren. Er kann die Existenz an der Wurzel packen und so den normalen Zustand von Körper und Geist wiedererlangen.

Beim Sitzen in Zazen läßt man die Bilder, die Gedanken und alle geistigen Gebilde, die aus dem Unbewußten auftauchen, vorbeiziehen wie Wolken am

Himmel – ohne sich ihnen zu widersetzen, ohne sich an sie zu klammern. Wie Schatten vor einem Spiegel zieht alles vorbei, was aus dem Unterbewußten ausströmt, kehrt zurück und zerrinnt schließlich. So gelangt man zum tiefen Unbewußten, das ohne Gedanken ist, jenseits allen Denkens (*hishiryo*), wahre Reinheit.

Zen ist sehr einfach und gleichzeitig recht schwer zu verstehen. Es ist dies eine Sache der Anstrengung und der Wiederholung – wie das Leben.

Wenn beim SITZEN – ohne Umschweife, ohne Zweck und Profitstreben – eure Haltung, Atmung und Geisteshaltung in Harmonie sind, dann versteht ihr das wahre Zen, dann begreift ihr die BUDDHANATUR.

Shisei – Form und Kraft

„Haltung" heißt im japanischen *shisei*. Im Altjapanischen und Altchinesischen bedeutet *shi* 'Form' und *sei* 'Kraft'. 'Form' verweist auf die Haltung, die so schön wie möglich sein muß. Doch die Zazen-Haltung ist nicht nur Form, sie muß auch immer mit dem Element *sei*, das heißt 'Stärke, Aktivität' verbunden sein. Die Korrektheit der Form ist ganz sicher wichtig, doch wenn sie keine Kraft und Energie hat, ist sie unvollständig. Die Einheit der beiden Elemente macht die Haltung aus. Man bezeichnet sie auch mit *ikioi*, von *iki*: 'Atmung' und *oi*: 'Leben oder Lebenskraft'.

Wenn ich euch beobachte, bemerke ich, daß einige starke Aktivität in sich haben, andere nicht. Woran merkt man das?

– Das Kinn wird weit zurückgezogen. Wenn die Aktivität abnimmt, ist das Kinn nach oben oder unten geneigt. Wenn man zuviel denkt, neigt sich der Kopf nach vorn.

– Die Hände sind in festem Kontakt miteinander. Wenn man müde ist, unaufmerksam, schlecht konzentirert, haben sie keine Festigkeit.

– Der Rücken ist ganz aufrecht, das Becken nach vorn geneigt.

– Der Nacken ist gestreckt und bildet eine gerade

Linie, weder gebogen noch geknickt. Im Nacken verlaufen viele Nervenfasern, und wenn der Kreislauf aktiviert ist, wird das Gehirn viel besser versorgt.

Form und Kraft stehen in enger wechselseitiger Abhängigkeit. Es handelt sich dabei wohlgemerkt nicht um einen veralteten Formalismus, sondern um die Übung einer vollkommenen Haltung, die von der langen Folge aller Meister ergründet und vertieft worden ist.

In einem Zen-Tempel in China sagte der Meister eines Tages bei der Zazenübung zu seinen Schülern:

„Was macht ihr?"

„Wir machen nichts."

„Nein! – Ihr macht, ohne zu machen."

Die Essenz des Laufens: Kinhin

Im *dojo* werden die vier grundlegenden Haltungen des Körpers gelehrt: wie man steht, wie man läuft, wie man sitzt, wie man liegt. Das sind die ursprünglichen Haltungen. Diejenigen, die wir normalerweise einnehmen, die Haltungen, zu denen wir uns gehenlassen, sind in der Mehrzahl der Fälle nur zerbrochene Haltungen.

Die Haltung beim Stehen und Laufen ist sehr wichtig. Man bezeichnet sie mit *kinhin*. Der berühmte Choreograph Maurice Béjart hat in ihr den Ursprung der Schritte und Stellungen wiedererkannt, die auch im klassischen europäischen Ballett gelehrt werden.

Die Haltung ist die folgende:

Man steht aufrecht, die Wirbelsäule ist ganz gerade, das Kinn zurückgezogen, der Nacken gestreckt, der Blick drei Meter vor dem eigenen Körper nach unten gerichtet, das heißt etwa in Höhe der Taille des Vorangehenden, wenn man im Gänsemarsch läuft. Die linke Faust umschließt ihren Daumen und liegt auf der Knorpelplatte über dem Solar Plexus. Die rechte Hand umfaßt die linke Faust, und beide Hände werden beim Ausatmen fest aneinander und gegen das Brustbein gedrückt. Die Ellbogen sind nach außen gerichtet, und die Unterarme werden in der Waagerechten gehalten; die Schultern sind locker und nach hinten geworfen.

Kinhin *(Ph.: Kristkeitz)*

Zu Beginn des Ausatmens setzt man den rechten Fuß einen halben Schritt nach vorn und drückt mit der Fußsohle kraftvoll auf den Boden, genauer, mit der Wurzel der großen Zehe, so als wolle man eine Spur im Boden hinterlassen. Es besteht eine tiefe Beziehung zwischen diesem Teil des Fußes und dem Gehirn, und es ist wohltuend, den Kontakt mit dem Boden zu spüren.

Wenn nun das Knie gut gestreckt wird, befindet sich das Bein und die ganze rechte Körperseite vom Scheitel bis in die Fußspitzen in Spannung. Das andere Bein und die andere Körperseite bleiben locker und entspannt. Gleichzeitig atmet man durch die Nase tief, langsam und so lange wie möglich aus, doch ohne Zwang und lautlos. Danach hält man kurz inne, entspannt den ganzen Körper, und das Einatmen geschieht von alleine, automatisch und frei.

Zu Beginn des nächsten Ausatmens wechselt man das Bein, und der ganze Vorgang beginnt von neuem, indem man den Druck auf den linken Fuß verlagert und das rechte Bein locker läßt.

Dieses Laufen ist rhythmisch, wie das einer Ente, wobei Spannung und Entspannung, starke und schwache Phasen abwechseln. Die Zenmeister sagen, man müsse sich wie ein Tiger im Wald, wie ein Drachen im Meer vorwärtsbewegen. Der Druck des Fußes ist sicher, und lautlos wie der Schritt eines Diebes!

Während des Laufens darf man den anderen nicht ins Gesicht schauen. Der Blick ist nach innen gerichtet, so als wäre man mit sich selbst allein. Wie auch beim Zazen läßt man die Gedanken vorbeiziehen. *Kinhin* entspannt vom Sitzen in Zazen. Im Verlauf eines *sesshin*-Tages wechseln beide immer ab. Körper und Geist finden sowohl ihre Einheit wieder als auch eine bemerkenswerte

Widerstandskraft und Dynamik.

Kinhin ist wie Zazen eine Methode tiefer Konzentration. Die Energie wird durch den Druck des Ausatmens im Unterbauch gesammelt, wo sie wahrhaft aktiv ist. Dies ist die Einübung der Stabilität der Energie, die Sammlung und Konzentration der Energie im *hara* und damit die Basis der japanischen Kampfkünste (*budo*). Sie wird sowohl im *judo* als auch im *karate, aikido, kyudo* (Bogenschießen) u.s.w. gelehrt.

Heutzutage neigt man dazu, diesen Einfluß der geistigen Haltung in der Übung der Kampfkünste zu vergessen. Man will Stärke durch die bloße Technik erlangen. *Do*, wie in *judo, aikido,* bedeutet WEG. Die Kampfkünste sind weder eine Wettkampftechnik noch Kampfsport, sondern eine Methode, die Meisterschaft über sich selbst zu erreichen, die Kontrolle der Energie in der Aufgabe des Ego und die Vereinigung mit der Ordnung des Universums. Das Bewußtsein trainieren bedeutet: man schießt den Pfeil nicht ab, sondern der Pfeil löst sich in genau dem Augenblick, in dem man unbewußt bereit ist und sich von sich selbst befreit hat.[1]

1. Meister Taisen Deshimaru hat die tiefen Beziehungen zwischen Zen und den Kampfkünsten in seinem Buch „Zen in den Kampfkünsten Japans", das im gleichen Verlag erschienen ist, beschrieben.

Sitzen in Stille

Wahres Zen übt man ohne Motivation, ohne Zweck, ja sogar ohne die Erweckung (*satori*) anzustreben; ich betone allein die Essenz des Zen: Zazen. Die Rezitation der Sutras und die Zeremonien sind wohl sehr schöne Dinge, doch nicht das Wesentliche.

Es ist keineswegs notwendig, nach Japan zu gehen, um die authentische Zenlehre zu finden. Das wahre Zen ist hier und jetzt, in unserem Körper und in unserem Geist. Bei richtiger Haltung und Atmung findet der Geist zu seinem normalen Zustand zurück.

Bei der Rezitation der Sutras kommt die Stimme aus dem Unterbauch und nicht aus der Kehle wie im Gesang der westlichen Welt. Die Übereinstimmung des Atems mit dem gegenwärtigen Augenblick wiederfinden heißt: alles wird richtig. „Es ist unmöglich", sagte Dogen, „in die Zeit vor einem Atemzug zurückzukehren. Man kann ihn nicht wiederholen, wenn er beendet ist. Deshalb müßt ihr danach trachten, ihn gut zu machen." Es gibt nichts zu erreichen. Nichts zu werden. Nicht die Wahrheit suchen, nicht vor der Illusion fliehen. Nur da sein, hier und jetzt, in unserem Körper und mit unserem Geist.

So erscheint das tiefe und reine, universale und unendliche Bewußtsein.

Zanshin: Der Geist der Handlung

Dies ist ein Ausdruck, den man oft in der Praxis des japanischen Schwertkampfes (*kendo*) findet. *Zanshin* ist der Geist, der beharrt, ohne sich an etwas festzuhalten, der Geist, der umsichtig bleibt. Man achtet auf die Handlung und bleibt wachsam dem gegenüber, was danach geschehen könnte.

Es gibt zum Beispiel eine *zanshin*-Weise, die Tür zu schließen, etwas hinzulegen, zu essen oder Auto zu fahren, ja sogar unbeweglich zu bleiben. Man legt die Dinge mit Umsicht hin, man unterbricht seine Bewegung einen Sekundenbruchteil bevor die Tür schließt, damit sie nicht laut zuschlägt.

Daher betone ich auch den *gassho*-Gruß mit beiden Händen. Vor und nach der Versenkung in Zazen, oder wenn man sich bewegen und die Haltung der Beine während der Zazenübung wechseln will, muß man so grüßen. Dieser Gruß erhält die Konzentration der Energie aufrecht und bezeugt die achtungsvolle Rücksicht den anderen gegenüber.

Man findet diese Erziehung auch in der Kunst des Blumensteckens (*ikebana*), der Teezeremonie und der Kalligraphie wieder. Es ist schwierig, eins zu sein mit dem, was man tut, doch es ist noch schwieriger, seine Aufmerksamkeit dem zu schenken, was zu tun man plötzlich aufgefordert wird. Ursprünglich kommt das Wort *zanshin* aus der Schwertkunst und bedeutet „dem Gegner Aufmerksamkeit schenken".

Zanshin ist für jede Tätigkeit des Lebens bedeutsam. Die natürliche Schönheit des Körpers ist der Widerschein der Übung des Geistes in der Konzentration in den Handlungen.

Die körperliche Arbeit (*samu*), sei sie haus- oder landwirtschaftlicher Art, Kunst oder Handwerk, beeinflußt nicht nur die körperliche Gesundheit und die Fingerfertigkeit, sondern auch die Gewandtheit des Gehirns. Durch die Übung werden die Bewegungen ungezwungen und kontrolliert, und der Körper findet seine Schönheit. Die natürlich ausgeführte Handlung ist unbewußt und vollendet schön.

Es besteht eine tiefe Beziehung zwischen den Fingern und dem Gehirn. Die Alten kannten diese Beziehung und widmeten ihr große Aufmerksamkeit. Anaxagoras von Klazomenai, ein Vorbild Platons, sagte:

„Der Mensch denkt, weil er Hände hat."

Wir müssen mit den Fingern denken.

Samu.

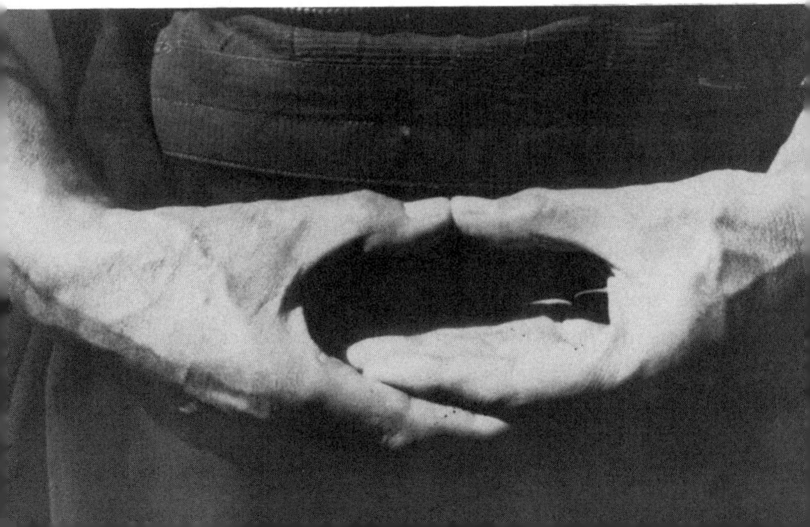

Weder Berg noch Tal."
(Ph.: Roux-Guerraz)

Aus der Stille erhebt sich der unsterbliche Geist

Unser gegenwärtiges Leben ist Lärm und Mißklang. Yoga und Zen sind, über verschiedene Methoden, Wege der Rückkehr zur Stille. Die Stille ist unser tiefes Wesen. Das ewige Bewußtsein ist stil., es besteht vor unserer Geburt und dauert fort nach unserem Tode. In Stille sein heißt: zum Ursprung des Wesens des Menschen zurückzukehren. Die Stille wiederzuentdecken heißt: aus der Stille heraus sprechen. Die Sprache wird tief, die Worte wahrhaftig.

Als er nach China kam, traf Bodhidharma den Kaiser. Dieser sprach zu ihm:

„Ich habe eine große Anzahl von Tempeln bauen lassen, ich habe viele Mönche bestätigt, ich habe viele Sutras übersetzen lassen. So habe ich mir doch sicher viele Verdienste erworben?"

Bodhidharma antwortete: „Kein einziges Verdienst."

Der Kaiser gab zurück:

„Was also ist die Essenz des Buddhismus?"

„Nichts."

„Und wer wagt es, sich mir gegenüber so zu verhalten?" „Ich weiß es nicht", war die Antwort.

Der Kaiser blieb mit offenem Mund zurück.

Die Weisen haben nie viel geredet.

Aus der Stille erhebt sich der unsterbliche Geist.

Baum, Berg, Natur werden

Gesprochenes oder Geschriebenes kann letzlich die höchste Weisheit nicht ausdrücken. Kein Vortrag und keine Lektüre können die Essenz des Zen verständlich machen. Zen ist ganz und gar direkte Erfahrung. Es beschränkt sich nicht auf eine dualistische Sicht der Dinge. Wenn wir zum Beispiel einen Berg anschauen, können wir ihn natürlich unter einem objektiven Blickwinkel sehen, ihn wissenschaftlich analysieren, ihn in Kategorien der Rede zwingen. Aber im Zen *wird* man zum Berg. Oder man identifiziert sich mit der Blume, die man pflückt und in einen Behälter mit Wasser steckt, um sie am Leben zu erhalten. *Selbst* ein Berg werden, eine Blume, Wasser, eine Wolke. . .

In Japan heißt der Zen-Mönch *unsui*, Wolke und reines Wasser. Der Mönch hält sich nirgendwo lange auf, er reist, frei wie das Wasser und die Luft. In gleicher Weise läßt man beim Zazen die Wahrnehmungen, die Emotionen und die geistigen Gebilde wie Wolken am Himmel oder das Wasser im Fluß vorbeiziehen.

Zen ist nicht nur Buddhismus, die Essenz des Zen ist nicht Zen. Wir müssen alles aufgeben, sogar den Buddhismus, sogar Zen, und uns hier und jetzt auf eine einzige Sache konzentrieren: Zazen. Die regelmäßige Übung von Zazen bringt uns in den ursprünglichen Zustand der

Existenz zurück.

Vor hundert Jahren lebte in Japan ein Meister namens Kihan (Wolke des Universums). „Übt Zazen", sagte er, „hier und jetzt. Wenn ihr unausgesetzt übt, werdet ihr zum Wahren Buddha."

Euer Gesicht erhellt sich, ihr fühlt euch frei, euer Geist ist ruhig. Alles vergessen, alles aufgeben, ohne Ziel, schweigend SITZEN.

Keine Furcht vor dem Tode

Ein junger Mönch ging in die Stadt mit dem Auftrag, einen wichtigen Brief eigenhändig dem Empfänger zu übergeben. Er kam an die Stadtgrenze und mußte eine Brücke überqueren, um hineinzugelangen. Auf dieser hielt sich ein im Schwertkampf erfahrener *samurai* auf, der, um seine Stärke und Unüberwindbarkeit zu beweisen, geschworen hatte, die ersten hundert Männer, die die Brücke überquerten, zum Zweikampf herauszufordern. Er hatte schon neunundneunzig getötet. Der kleine Mönch flehte ihn an, er möge ihn durchlassen, weil der Brief, den er bei sich trug, von großer Wichtigkeit war: „Ich verspreche Euch wiederzukommen, um mit Euch zu kämpfen, wenn ich meinen Auftrag erfüllt habe." Der *samurai* willigte ein, und der junge Mönch ging seinen Brief überbringen.

In der Gewißheit, verloren zu sein, suchte er, bevor er zurückkehrte, seinen Meister auf, um sich von ihm zu verabschieden.

„Ich muß mit einem großen *samurai* kämpfen", sagte er, „er ist ein Schwertmeister, und ich habe in meinem Leben noch keine Waffe angerührt. Er wird mich töten. . ."

„In der Tat wirst du sterben", antwortete ihm der Meister, „denn es gibt für dich keine Siegeschance. Also brauchst du auch keine Angst vor dem Tode zu haben. Doch ich werde dich die beste Art zu sterben lehren: Du hebst dein Schwert über den Kopf, die Augen geschlossen, und wartest. Wenn du auf dem Scheitel etwas Kaltes spürst, so ist das der Tod. Erst in diesem Moment läßt du die Arme fallen. Das ist alles. . ."

Der kleine Mönch verneigte sich vor seinem Meister und begab sich zu der Brücke, wo ihn der *samurai* erwartete. Dieser dankte ihm dafür, daß er Wort gehalten hatte und bat ihn, sich zum Kampf bereitzumachen.

Das Duell begann. Der Mönch tat, was ihm der Meister empfohlen hatte. Er nahm sein Schwert in beide Hände, hob es über den Kopf und wartete, ohne sich zu bewegen. Diese Stellung überraschte den *samurai*, da die Haltung seines Gegners weder Angst noch Furcht wiederspiegelte.

Mißtrauisch geworden, näherte er sich vorsichtig. Der kleine Mönch war völlig ruhig, allein auf seinen Scheitel konzentriert.

Der *samurai* sprach zu sich: „Dieser Mann ist sicher sehr stark, er hatte den Mut zurückzukehren, um mit mir zu kämpfen, das ist bestimmt kein Amateur."

Der Mönch, noch immer vertieft, kümmerte sich überhaupt nicht um das Hin- und Herlaufen seines Gegners. Und der bekam langsam Angst:

„Das ist ohne Zweifel ein ganz großer Krieger", dachte er, „denn nur die großen Meister der Schwertkunst nehmen von Anfang an eine Angriffsstellung ein. Und dieser schließt sogar noch seine Augen!"

Der junge Mönch wartete noch immer auf den Moment, in dem er die besagte Kälte auf dem Scheitel spüren würde.

Währenddessen war der *samurai* völlig ratlos, er wagte

nicht mehr anzugreifen, in der Gewißheit, bei der geringsten Bewegung seinerseits zweigeteilt zu werden. Der Mönch wiederum hatte den *samurai* völlig vergessen, aufmerksam darauf bedacht, die Ratschläge seines Meisters gut auszuführen und würdig zu sterben. Doch er wurde wieder in die Wirklichkeit zurückgeholt durch das Weinen und Klagen des *samurai*:

„Tötet mich bitte nicht, habt Mitleid mit mir, ich dachte, der König der Schwertkunst zu sein, aber ich habe noch nie einen Meister wie Euch getroffen!

Bitte, bitte, nehmt mich doch als Euren Schüler an, lehrt mich den Wahren WEG der Schwertkunst. . .“

Die Erweckung (Satori)

Wir sind immer versucht, auf der einen Seite die Illusionen und auf der anderen die Erweckung (*satori*) zu sehen. Nun, was ist *satori*?

Satori ist vor allem einmal kein besonderer Zustand, sondern die Rückkehr des Menschen zu seinem normalen, ursprünglichen Zustand, bis in jede seiner Körperzellen hinein. *Satori* entzieht sich jeder Kategorisierung und jeder begrifflichen Erfassung. Die Sprache kann es nicht beschreiben.

Man kann *satori* von niemand anderem lernen oder bekommen, man muß es selbst erfahren. Der Meister kann dabei nur helfen. Wahres *satori* ist Leerheit (*ku*). Es enthält alle Dinge, also auch die Illusionen.

So heißt es im Sutra *Hannya Shingyo*: „Die Erscheinungsformen sind nicht verschieden von *ku*, und *ku* ist nichts anderes als die Erscheinungsformen.“ *Ku*, die Leerheit, schließt alle Phänomene in sich ein. Die Übung des Zazen an sich ist *satori*: wir leben nicht durch uns selbst, sondern wir empfangen unsere Existenz durch den kosmischen Plan.

Ein Holzfäller war im Wald bei der Arbeit. Er hatte einmal von einem sagenhaften Tier samens Satori gehört und hätte es sehr gerne besessen. Eines Tages kam das Tier Satori ihn besuchen. Der Holzfäller rannte ihm nach und war nicht wenig erstaunt, als es zu ihm sprach: „Du wirst mich nicht bekommen, weil du mich haben willst."

Der Holzfäller ging zurück an seine Arbeit. Bald hatte er das Tier völlig vergessen. Er dachte an nichts mehr außer an seine Holzscheite. Da kam das Tier von selbst zu ihm und wurde durch einen Baum, den er gerade fällte, erschlagen. . .

Das Auge der Weisheit

In der Abenddämmerung
verkündet der Hahn die Morgenröte.
Um Mitternacht
scheint die Sonne.
Die Sonne scheint,
weil es die Augen gibt.
Die Augen sehen das Licht,
weil es die Sonne gibt.

*

Die fortwährende Zazenübung
gewährt diesen klaren und offenen Blick,
in den der Meister das *koan* werfen kann
wie einen Kiesel in den Teich.

*

Erweckung ist die Erkenntnis dessen,
was die Wirklichkeit nicht ist.
Illusion.
Ein Aufblitzen des intuitiven Bewußtseins:
Nirvana.

Geistige Klarheit
jenseits verstandesmäßiger Vorstellung,
innere Gewißheit
frei von Emotion und Leidenschaft.

*

Der Weg, der dahin führt, ist lang.
Wahres Licht, das nicht leuchtet.
Das Licht in der Finsternis,
die Finsternis im Licht sehen können.
Rückkehr zur Weisheit, zur wahren inneren Freiheit,
zum normalen und ursprünglichen Zustand des Geistes.
Buddha kennt alle Wesen, alle Dinge,
wie sie wirklich sind.

*

Unser Leben ist in seinem ganzen Wesen tiefgründig.
Erwachen.
Erweckung, unbewußtes *satori*.
Entdeckung der Einheit aller Dinge.
Zazen/*satori*: eine Einheit.
Der Geist der Freiheit und die Wahrheit des *satori* –
Der Geist wird immer klarer.

*

Verwandlung und Umwälzung in Körper und Geist.
Wenn man in Zazen sitzt,
empfangen selbst die Bäume und die Erde
diesen Einfluß und erstrahlen
in gewaltigem Licht.

Der Geist wirkt auf Bäume, Säulen und Mauern.
Zazen ist verbunden mit allen Existenzen
und in Harmonie mit dem Ewigen
und dem ganzen Universum.
Der Widerhall der Tempelglocke. . .

MONDO

Die Wahre Freiheit des Drachen
Beim Eintauchen ins Wasser.

Im Soto-Zen gibt der Meister seine Lehre nicht nur in Form von Vorträgen weiter. Er hält mit seinen Schülern auch regelmäßig eine Fragestunde ab. Die Atmosphäre beim *mondo* ist gleichzeitig fröhlich und tief, frei und ernsthaft. Wenn der Meister einem Fragenden antwortet, geht er immer über den unmittelbaren Grund der Frage hinaus, und die Antwort hat manchmal eine auf den ersten Blick rätselhafte und verwirrende Form.

In der Zazen-Haltung...

F. – Warum benutzt man beim Sitzen in Zazen ein Kissen?

A. – Ein Kissen, oder *zafu*, ist unbedingt notwendig, um es dem Becken zu ermöglichen, sich ohne Zuhilfenahme der Lendenmuskulatur geschmeidig nach vorn zu neigen, und auch, damit die Knie gut auf den Boden drücken können. Das Dreieck, das die Knie und das Steißbein bilden, ist die solide Basis zur Sicherung der Stabilität der Haltung. Das *zafu* muß dick sein, nicht zu sehr, aber auch nicht zu wenig, man sollte es gegebenenfalls von Zeit zu Zeit nachfüllen. Es ist die Aufgabe jedes Einzelnen, es seiner Sitzweise, seinem Körperbau und seinem Gewicht anzupassen und sehr sorgfältig zu behandeln. Kapok eignet sich zum Füllen des *zafu* am besten; und die Wärme, die es ausstrahlt, ermöglicht eine bessere Konzentration des ganzen Körpers.

F. – Warum hat man in den Knien Schmerzen?

A. – Du hast Schmerzen und nicht ein anderer. Du leidest mit dem Kopf; du mußt den geistigen Anteil an den Schmerzen verstehen.

Wenn man anfängt, Zazen zu üben, ist der Körper nicht an die Haltung gewöhnt, er verharrt noch im Komfort des modernen Lebens. Man muß aber dennoch zur ursprünglichen Sitzweise zurückkehren. Später wird sie selbstverständlich, und man hat nicht mehr diese Schmerzen des Anfängers.

F. — Warum ist die Anwesenheit anderer Menschen bei der Zazenübung wichtig?

A. — Die anderen sind nicht wichtig. Du bist allein mit dir selbst. Aber du darfst die anderen nicht stören.

F. — Ist es also nicht wichtig, mit anderen zusammen zu sein?

A. — Ich kann nicht zu euch nach Hause kommen, denn ich brauche euch alle. Ihr betrachtet nur eure persönliche Erziehung, aber ich berücksichtige die eines jeden von euch. Ihr könnt nicht nur allein in eurer Wohnung Zazen üben. Diese Frage berührt einen wichtigen Punkt. Was im *dojo* zählt, ist die Atmosphäre, die durch die wechselseitige Abhängigkeit aller Übenden geschaffen wird. Auf unbewußte Weise beeinflussen sich alle gegenseitig. Du und ich allein, oder wir hier alle zusammen, das ergibt zwei ganz verschiedene Atmosphären. Je nachdem, ob im Kamin ein oder mehrere Holzscheite brennen, ist das Feuer nicht das gleiche. Aber vor allen Dingen ist es nicht notwendig, bewußt zu denken: „Ich will jetzt diesen Einfluß ausüben und ihn empfangen." Ihr empfangt und gebt ihn auf unbewußte und natürliche Weise.

F. — Wenn man allein Zazen übt, in welche Himmelsrichtung soll man sich am besten wenden? Nach Westen, Osten, Norden oder Süden?

A. — Alle Richtungen sind gut. Ruhig sein, das genügt. Möglichst mit dem Gesicht zur Wand. Oder auch in der freien Natur, unter einem Baum, aber man wird dann von der Umgebung mehr abgelenkt und läuft eher Gefahr, sich zu zerstreuen. Wenn du dich daran gewöhnt hast, nach fünf oder zehn Jahren, kannst du überall Zazen üben.

F. – Es ist schwierig, den Blick einen Meter vor dem Körper zu fixieren. Inwiefern ist das wichtig für die Haltung?

A. – Das muß in natürlicher Weise geschehen. Der Blick soll ruhen und nicht fixiert sein. Wenn man den Blick ungefähr einen Meter vor sich auf dem Boden ruhen läßt, kann man alles rundherum „sehen", sogar hinten. Man muß in sich selbst hinein konzentriert sein. Wenn sich im japanischen Schwertkampf der Blick ablenken läßt, wird man in die Defensive gedrängt. Die Position der Augen ist sehr wichtig und schwierig – eine heikle Sache. . .

F. – Ich kann mich mit geschlossenen Augen besser konzentrieren. Ist es notwendig, sie offen zu halten?

A. – Das ist eine gute Frage. Schon seit ich in Europa bin, habe ich mir darüber Gedanken gemacht.

Die Menschen des Ostens und des Westens sind etwas verschieden, wenn auch die Bedingungen des modernen Lebens dahin tendieren, die Unterschiede einzuebnen. Etwas pauschal ausgedrückt haben die Menschen im Osten eher die Tendenz, *zu* ruhig zu sein und daher beim Zazen einzuschlafen, während man im Westen eher aufgeregt und nervös ist und dazu neigt, beim Zazen zu denken. In den japanischen Tempeln sagt man den Mönchen daher immer wieder, wenn nötig, mit Hilfe des Stocks: „Ihr dürft die Augen nicht schließen!"

Ich sehe aber, daß es hier in Europa doch manchmal notwendig ist, beim Zazen die Augen zu schließen. Auch lasse ich abends im *dojo* ab und zu das Licht löschen und leite das Zazen im Schein zweier Kerzen.

Wenn es euch Schwierigkeiten bereitet, euch beim Zazen zu konzentrieren, so achtet auch einmal darauf, was ihr kurz vorher gegessen und getrunken habt. Eine Tasse grüner Tee hat auf den Organismus nicht die gleiche Wirkung wie eine Tasse Kaffee...

F. – Warum legt man beim Grüßen die Hände zusammen?

A. – Die Haltung der Hände ist sehr wichtig, denn man kann sie von der Haltung des Geistes nicht trennen. *Gassho* drückt die Einheit aus: „kleines" Ich und „großes" Ich, Individuum und Gottheit, Ego und Buddhanatur, Einzelwesen und Kosmos. Außerdem ist diese Haltung eine Übung der Konzentration.

F. – Wozu sich so sehr auf die Ausatmung konzentrieren?

A. – Geben und Nehmen sind immer im Gleichgewicht. Doch die Bedingungen der modernen Zivilisation zerstören die Bestandteile dieses Gleichgewichts: man will ständig *besitzen*, Dinge haben, Macht haben, ja sogar andere Menschen besitzen... Man denkt kaum noch in Begriffen des *Seins*.

Wenn man krank, schwach, traurig oder egoistisch gestimmt ist, legt man das Gewicht auf die Einatmung, was den Organismus noch mehr schwächt. Indem man das Gegenteil davon praktiziert, kann man die wahrhafte Energie erhalten. Wenn die Ausatmung korrekt ist, geschieht die Einatmung automatisch und unbewußt.

Diese Methode zu atmen ist der Schlüssel zur Gesundheit und das Geheimnis eines langen Lebens.

F. – Und was ist zum Einatmen zu sagen?

A. – Das muß am Ende der Ausatmung automatisch geschehen. Mit ein wenig Übung ist das leicht auszuführen. Beobachtet eine Kuh beim Muhen – sie muht mit der Ausatmung und konzentriert auch ihre ganze Kraft auf sie, um ihre Müdigkeit zu vertreiben. Die Zen-Atmung heißt im Japanischen daher auch „die Übung des Muh". Gewöhnlich betont man nur die Einatmung, doch das schwächt den Körper. Wenn man einen todkranken, traurigen oder auch nur erkälteten Menschen beobachtet, stellt man fest, daß er sehr lange einatmet. Ist er jedoch aktiv und glücklich, dann dominiert die Ausatmung. Diese Methode wird auch in den traditionellen Kampfkünsten Japans gelehrt.

F. – Wenn ich Zazen geübt habe, möchte ich gern allein sein. Alle Leute gehen mir auf die Nerven.

A. – Warum möchtest du allein sein? Dies ist nicht das wahre Zen. Nicht eigentlich Zazen ist der Grund für deine Laune. Dein *karma* kommt an die Oberfläche. Wenn du verstehst, *warum* dein Ego nach dem Zazen stark wird, kann es in seinen normalen Zustand zurückkehren. Durch Zazen spiegelst du dich selbst wider. Das Tier kann sich nicht selbst widerspiegeln, es hat nur ein Bewußtsein. Der Mensch aber ist sich seines Bewußtseins bewußt. Der griechische Mythos von Narziß verdeutlicht diese Zweiheit. Der Überlieferung gemäß versuchte Narziß, als er sich in sein Spiegelbild im Wasser verliebte, sich selbst zu ergreifen, fiel in den See und ertrank. Doch das Spiegelbewußtsein ist nicht nur eine Falle, wie für

Narziß, sondern es kann ebenso ein Mittel sein, sich eben durch die spiegelnde Aktivität des Geistes selbst zu erkennen. Zu denken: „Ich bin nicht vollkommen", das ist der Anfang der Meditation. Während die heutige Zivilisation dazu neigt, den Menschen zum Verkümmern zu bringen, ist die Versenkung, die Konzentration auf sich selbst der Ursprung des religiösen Bewußtseins, die höchste Dimension der Menschheit und der Antrieb ihrer Entwicklung. Wenn man die Zen-Versenkung intensiv übt, erschöpft sich das Bewußtsein, und es offenbart sich das Überbewußtsein – jenseits des Denkens: *hishiryo.*

F. – Gibt es einen Moment, in dem man beim Zazen endlich dazu kommt, die Gedanken anzuhalten?

A. – Das geschieht automatisch, ohne daß man sich dessen bewußt wird. Man darf die Gedanken nicht anhalten wollen, denn auch das ist Denken. Konzentriert euch auf die Körperhaltung, auf die Stellung der Finger, des Kinns, der Wirbelsäule, auf die Atmung. Wenn ihr vollkommen hierauf konzentriert seid, vergeßt ihr den Rest und all eure Gedanken. Wenn die Körperhaltung richtig und die Muskelspannung korrekt ist, steigt das Unterbewußte wieder an die Oberfläche. Man darf nicht versuchen, es anzuhalten. Ihr könnt in sehr tiefer Weise verstehen, was ihr seid und was euer Leben ist, ihr könnt euch wie in einem Spiegel betrachten. Aber denkt nicht bewußt, nährt den Gedanken nicht, „brütet" nicht über etwas. Laßt das Unbewußte arbeiten – das ist wahre Meditation. Hört nicht auf, eure Konzentration immer wieder auf die Ausatmung zu lenken: während ihr langsam und kraftvoll ausatmet, hält das bewußte Denken von selbst an, und das Unbewußte kann erwachen. Ihr harmonisiert euch mit dem, was euch umgibt, mit dem ganzen Universum. Indem ihr alles aufgebt, schafft ihr euch euer wirkliches Leben.

F. — Kann man in der Zen-Übung von Fortschritt sprechen?

A. — Ja. Jeden Tag, an dem ihr übt, ändert sich euer Geist. Doch was ist Fortschritt? Den „Gipfel" ansteuern, das *satori*? Sich sagen: „Ich gebe mir ein Jahr, zehn Jahre, um es zu erreichen"? Zen ist nichts dergleichen. Wenn ihr wirklich frei von Zweck und Ziel seid, seid ihr mit eurer tiefen, reinen Natur vereint, der Natur ohne Dualität. Es ist sehr schwer, jedes Zweckdenken, jedes Profitstreben aufzugeben. Wer euch sieht, wird vielleicht sagen: „Der ist verrückt. Seine Wünsche aufgeben ist unmenschlich. . ."

Ihr müßt eure eigene Körperhaltung finden, eure schwachen und starken Punkte kennenlernen, eure ursprüngliche, schönste Körperhaltung finden. So wird euer Antlitz friedlich, und ihr erreicht eure persönliche Ursprünglichkeit.

F. — Was ist mit Körperbehinderten und Schwerkranken?

A. — Wenn man sich nicht auf ein Kissen setzen kann, ist es auch möglich, Zazen auf einem Stuhl sitzend zu üben, die Beine parallel zueinander, die Füße leicht gekreuzt, der Rücken gerade und nicht angelehnt. Wenn selbst das nicht möglich ist, so übe man sich dennoch in der tiefen Ausatmung, die in Einklang steht mit der Bewegung des Universums. In jedem Fall ist die Geisteshaltung das Wichtigste, und die besteht darin, das Ego aufzugeben.

F. – Kann man auch kleine Kinder Zazen üben lassen?

A. – Aber ja! Mein Meister hat allerdings gesagt: „Es ist besser, ihnen einen Keks zu geben." . . .

Man darf einem Kind nicht diese Disziplin auferlegen, doch wenn ihr selbst intensiv Zazen übt, kann es sein, daß es sich neben euch setzt, ebenso ruhig, friedvoll und ohne Vorbehalte. Wenn es so fünf oder zehn Minuten unbeweglich und konzentriert bleibt, dann ist das ausgezeichnet!

Zen und Alltag

F. — Was bedeutet Zen konkret im täglichen Leben?

A. — Sich auf das konzentrieren, was man hier und jetzt tut, völlig aufmerksam in der gegenwärtigen Handlung sein.

Meister Dogen hat ein umfangreiches Buch, das *Shobogenzo*, hinterlassen, welches auch einige Kapitel mit Anleitungen für das tägliche Leben enthält. Ein ganzes Kapitel behandelt die Art und Weise, sich zu waschen — Dogen betont, daß man das Wasser sparsam verwenden soll, und er analysiert bis ins einzelne das Vorgehen beim Zähneputzen. Dieser vor 800 Jahren geschriebene Text ist noch nicht veraltet. Immer bei dem zu sein, was man tut, das ist unverändert der Geist des Zen. Wenn der Zen-Mönch in den japanischen Tempeln ein Bad nimmt, verneigt er sich zunächst vor der Buddhastatue, dann vor dem Badewasser. Ebenso, wenn er auf die Toilette geht, macht er *sampai* vor der Buddhastatue und legt sein *kesa* sowie seinen *kolomo* ab.

Wenn ihr nicht Mönch seid, braucht ihr das nicht so zu machen. Aber ihr müßt euch auf jede Handlung des täglichen Lebens konzentrieren. Die Handlung der Nahrungszubereitung und des Essens ist genauso wichtig wie diejenige des Sichwaschens. Wenn ihr eßt, sprecht nicht, seht nicht fern, lest nicht Zeitung! Vermeidet

(Ph.: Roux-Guerraz)

insbesondere, Fragen zu stellen. Das ist nämlich genau das, was heutzutage alle Leute tun. Wer beim Essen redet, ist nicht konzentriert. Und nebenbei bemerkt, die Leute, die zuviel reden, sind nicht wirklich weise. Und wenn ihr lauft, ist es sicher nicht nötig, *kinhin* zu üben. Lauft ruhig schneller, aber trotzdem konzentriert. Wenn ihr am Steuer sitzt, sprecht nicht soviel mit der Beifahrerin, küßt sie nicht während der Fahrt. . .

Zen bedeutet, sich in jedem Augenblick des täglichen Lebens zu konzentrieren. Das moderne Leben erschwert die Dinge sehr, selbst wenn man guten Willen zeigt. Niemand wird das leugnen. Unsere Zeitgenossen sind an sich sehr intelligent und verstehen die Situation. Aber weil sie selbst auch zerstreut sind, lehren sie die Kinder weder, sich zu konzentrieren noch ihre Intuition und Weisheit zu entwickeln.

Die Eltern erziehen nicht den Körper ihrer Kinder – sie fahren sie mit dem Wagen in die Schule, lassen sie in zu warmer, klimatisierter Luft leben, geben ihnen zu viel verfeinerte und gesüßte Nahrung. . .

Um eine Karotte zu schneiden, muß man konzentriert sein, um sie zu kochen, ebenso. Wenn die Kinder täglich lernen, ihre Schuhe ordentlich in eine Reihe zu stellen, lehrt sie diese Handlung, sich zu konzentrieren. An der Art und Weise, wie die Leute im Vorraum des *dojo* ihre Schuhe aufstellen, erkenne ich den Zustand ihres Bewußtseins.

In den Zentempeln wird alles verbraucht, was angeschnitten wird. Es wird niemals etwas weggeworfen. Wenn der Meister durch die Küche geht und findet ein vergessenes Reiskorn, so wird der Koch ordentlich gerügt. Beim Abwasch sammelt man mit Hilfe eines Filters alles, was übrigbleibt – Küchenabfälle, Karottenköpfe, Radieschenblätter u.s.w. – und brät das ganze in Öl. Das ist eine sehr feine Kochkunst. Manche Restaurants in Japan servieren nichts anderes: das ist sogar zu einer Mode geworden!

F. – Worin liegt die Bedeutung des Ausdrucks „hier und jetzt"?

A. – Das ist eine tiefe Philosophie. „Hier und jetzt" bedeutet, ganz bei dem zu sein, was man gerade tut, und nicht an die Vergangenheit oder Zukunft zu denken und dabei den gegenwärtigen Augenblick zu vergessen.

Wenn ihr nicht hier und jetzt glücklich seid, werdet ihr es nie sein.

F. – Aber muß man nicht doch manchmal an die Verpflichtungen denken, die man eingegangen ist, oder für die Zukunft planen?

A. – Wenn man denken muß, denkt man. Man denkt hier und jetzt, man faßt Pläne hier und jetzt, man erinnert sich hier und jetzt. Wenn ich meine Biographie schreibe, denke ich an die Vergangenheit. Wenn ich Pläne ausarbeite, denke ich an die Zukunft. Die Aufeinanderfolge der einzelnen „Hier und Jetzt" erhält kosmische Dimension und weitet sich ins Unendliche aus.

F. – Sind die anderen Religionen mit Zen vereinbar?

A. – Sicher. Zen steht jenseits aller Religionen. Alle kommen zur Zazenübung, Christen wie Nichtchristen, und auch Priester und Nonnen. . .

F. – Wie kann man ein unruhiges Leben mit der Ausübung des Zen vereinbaren?

A. – Gerade deshalb, weil euer Leben unruhig ist, wird die Zazenübung für euch die größte Wohltat sein. Ihr werdet das, was ihr zu tun habt, viel besser tun, weil ihr konzentriert seid, und dann werdet ihr euch vielleicht auch einer Menge unnützer Dinge entledigen. Ihr werdet euer Leben mit anderen Augen sehen. Ein *koan* besagt: „Wenn der Geist frei ist, ist alles ringsumher frei."

F. – Wird die Ausübung von Zazen nicht schon zu einer Mode?

A. – Ob Mode oder nicht, ist von geringer Bedeutung. Die Mode antwortet auf ein Bedürfnis, aber sie ist nicht dauerhaft. Um dauerhaft zu sein, erfordert die Übung Anstrengung und Beharrlichkeit. Es gibt immer einige, die verstehen und weitermachen, auf einer höheren Stufe als alle Moden und vorübergehenden Strömungen. Von der Mode bleibt etwas übrig. Die Welle zieht sich zurück, doch der Ozean bleibt.

F. – Warum bedienen Sie sich des Fernsehens und der Zeitungen, wo doch Zen offenbar nicht für die große Öffentlichkeit geschaffen ist und, wie es scheint, geheim bleiben sollte?

A. – Wir leben in einer Epoche, in der die Massenmedien wichtig sind. Information muß mit den Mitteln verbreitet werden, die uns zur Verfügung stehen. Warum sollte man nur von oberflächlichen Dingen reden und eine tiefe Lehre geheimhalten? Jeder sucht heute einen Sinn im Leben. Jeder hat das Recht auf Erweckung. Der religiöse Mensch muß lernen, ins Wasser zu springen und so gut zu schwimmen, daß er denen helfen kann, die in Gefahr sind.

F. — Der Buddhismus ist der Weg der Mitte. Dient dieser Mittlere Weg im Westen nicht als Alibi für die bürgerliche Moral?

A. — Der Weg der Mitte besteht nicht aus Angst und Betäubung, aus Gleichgültigkeit oder Unentschiedenheit. Irren wir uns darin nicht — er umfaßt die Gegensätze, er überschreitet alle Widersprüche, indem er sie integriert, er ist jenseits allen Dualismus und auch jenseits aller bloßen Synthese. Das Sutra *Hannya Shingyo* endet mit den Versen: „Laßt uns darüber hinausgehen, alle zusammen, darüber hinaus und noch jenseits des Darüber-Hinaus, auf den Weg des *satori*, der Weisheit des Buddha!" Das ist die konkret greifbare Intuition der fundamentalen Einheit aller Dinge: Subjekt und Objekt, Körper (oder Materie) und Geist, Form und *ku* (Leerheit). . .

Eine Redewendung sagt: „Wirf dich entschlossen und mutig in den Abgrund." Der Geist findet seine höchste Dimension, das Wesen gelangt zu seinem normalen Zustand, der Mensch betrachtet sein ursprüngliches Gesicht. . .

F. — Gibt es eine Beziehung zwischen den Yogabewegungen und Zazen?

A. — Ja. Zazen selbst ist eine Haltung, die aus dem Yoga stammt. Allerdings gibt es Unterschiede, die der Buddha eingeführt hat, nachdem er mehr als sechs Jahre lang Yoga praktiziert hatte. Er hat die Haltung der Hände gewechselt, um eine stärkere Konzentration zu erreichen, und er hat auch die beste Atemmethode gefunden.

F. - Genügt Zazen für die Erhaltung der Muskulatur,

oder empfehlen Sie nicht auch die Ausübung eines Sports?

A. – Ihr könnt sicherlich Sport treiben. Zazen ist keine Gymnastik – auf einer höheren Ebene als der des Sportes erschafft ihr euer Leben, fühlt ihr die Energie in euch selbst. Die wahre Reinheit, der wahre WEG, das ist Zazen. Wenn ihr das versteht, könnt ihr alles tun, was ihr wollt. Alles ist dann gut für euch.

F. – Heißt Zazen zu üben nicht Flucht aus der wirtschaftlichen und sozialen Welt?

A. – Nein! Nein, das glaube ich nicht. Das ist eine Entwicklung. Das Neugeborene wird von der Mutterbrust angezogen, der Erwachsene jagt den Freuden nach, dem Geld, der Macht, den Auszeichnungen. An dem Tag, da er versucht, in sich selbst hineinzublicken, beginnt er, ein geistiges Wesen zu werden. Das ist keine Flucht, sondern ein äußerst realistischer Schritt, eine Erweiterung des Bewußtseinsfeldes, eine Entwicklung, eine Umwälzung.

F. – Aber wenn jeder ein Zenmönch wäre, wie würde die Welt weiterlaufen?

A. – Jeder muß seinen Lebensunterhalt verdienen können. Und es ist nicht notwendig, Mönch zu werden! Im übrigen betone ich unaufhörlich die Wichtigkeit der Arbeit und der Konzentration im Alltag. Die Zenerziehung ist stark und richtet sich an Menschen, die schon stark sind. Sie ist aber für jeden anders, sie arbeitet weich und anpassungsfähig und doch gleichzeitig tief. In einer Gesellschaft genügt eine Handvoll starker und reiner Menschen, um einen heilsamen Einfluß auszuüben.

F. — Im Christentum will man den anderen helfen. Und im Buddhismus?

A. — Im Buddhismus natürlich auch. Aber den anderen helfen — was bedeutet das? Was ist helfen? Helfen wobei? Und wem? Bedeutet es, jemanden zu lieben, oder Geld zu verschenken? Im Zen sagt man: „Bettle beim Bettler, und schenke dem Reichen." Die höchste Form der Hilfe ist die, den Menschen die innere Freiheit und den persönlichen Frieden zu bringen.

Der Geist des Zen

F. – Was bedeutet shin *in dem Wort* sesshin?

A. – Geist. Euer Geist. Ihr müßt in euch selbst schauen.

F. – Zen ist in seiner Essenz sehr einfach, sehr nüchtern. Warum halten Sie manchmal feierliche Zeremonien ab?

A. – Das Wichtige ist die Versenkung, die Essenz des Zen ist Zazen. Aber es ist gut, es mit einem Minimum an Zermoniell zu umgeben. Nennen wir es einen Rahmen, eine Ordnung für die Übung in Gemeinschaft, mehr nicht.

F. – Warum steht in der Mitte des Raumes eine Buddhastatue?

A. – Sie ist nicht unbedingt notwendig. Das ist nur Holz oder Bronze. Dennoch mache ich oft *sampai*, die dreifache Verbeugung, vor ihr. Doch tue ich das wirklich vor der Statue? Nein, ich verbeuge mich vor der Haltung von euch allen und dem, was sie repräsentiert. Die Statue kann verbrennen. Die Haltung bleibt. Die Buddhanatur, die Gottnatur existiert in euch, und dort entdeckt ihr sie.

F. — Und wozu Weihrauch?

A. — Das ist ein Zeichen des Respektes und der Reinigung. Wenn ich einen Besucher ehren möchte, brenne ich ein Räucherstäbchen an. Außerdem schafft der Duft des Weihrauchs eine ruhige Atmosphäre.

F. — Wozu die Glocke und das Schlagen des Holzes zu Beginn?

A. — In den Zentempeln Japans stehen diese Laute inmitten der Stille in Einklang miteinander und sind das einzige Echo der Laute in der Natur — Wind, Regen, Vogelgezwitscher, ein Bach, ein Wasserfall. Sie begleiten die Zazenübung, und ihre ununterbrochenen Schwingungen hallen tief im Inneren des Wesens wider und unterstützen die Konzentration. Ob diese Klänge nun kräftig oder zart sind, sie zerstreuen den Geist nicht, sondern sammeln und beruhigen ihn, regen ihn an und erheben ihn.

F. — Welche Bedeutung hat die Musik im Zen?

A. — Die Musik des Zen ist die Musik der Natur. Das Zwitschern der Vögel, der Wind in den Kiefern, das Rauschen des Flusses, Kinderstimmen... Alle natürlichen Laute nutzen der Zazenübung.

F. — Sie haben einmal ein koan *zitiert: „Die alte Musik hat keine Melodie." Ist das der Klang in seiner reinen Form?*

A. — Ja, das ist er. Wie auch in der Rezitation des *Hannya Shingyo*. Es gibt darin keine Melodie, keine Verzierungen. Die traditionelle japanische Kunst ist sehr einfach, wie zum Beispiel die *sumi-e*-Malerei: Niemals dient dort ein Pinselstrich als Schmuck. Er wird in einem Zug ausgeführt, unbewußt. Nach einiger Zeit intensiver Konzentration bringt der Meister den Pinsel völlig spontan, einem Werfen ähnlich, auf das Papier. Die Linien werden nicht vom Ego gezogen.

F. — Warum lassen Sie die Leute im Westen in japanischer Sprache rezitieren?

A. — Das *Makahannya Haramita Shingyo (Sutra der Großen Weisheit)* ist ein sehr alter Text, der Elemente des Altchinesischen und des Altjapanischen verbindet. Die Japaner selbst verstehen ihn heute nicht mehr. Ihr müßt seinen Atem, seinen Rhythmus, seinen ursprünglichen Klang durchdringen, bevor ihr imstande seid, selbst schöpferisch zu werden.

Das *Hannya Shingyo* ist wie das Geräusch der ursprünglichen Quelle. Es wird am Ende des Zazen rezitiert und ist auch eine gute Übung für die Atmung, die lange Ausatmung. Es ist der Pulsschlag einer einheitlichen Schwingung: gemeinsam, alle gemeinsam.

F. — Wozu dient der Stockschlag beim Zazen?

A. — Wenn man schläfrig oder sehr unruhig ist, wenn der Geist aufgewühlt ist und man sich nicht beruhigen kann, darf man um den Stock (*kyosaku*) bitten. Auf den Schultern befindet sich am Halsansatz ein wichtiges Nervenzentrum, das in der heutigen Zeit sehr häufig verkrampft ist. Der Stockschlag ist wie eine Massage, er entspannt die Nerven in dieser Region und führt in einen Zustand der Ruhe und des Wachseins zurück. Das *kyosaku* ist kein gewöhnlicher Stock. Es steht für den Geist des Meisters, und sein Gebrauch ist geistiger Art.

F. – Was bedeutet das kesa?

A. – Um diese Frage zu beantworten, müßte ich einen ganzen Vortrag halten. Das *kesa* ist das Symbol des Zenmönchs, das Gewand des Buddha. Dieses Kleidungsstück wurde ursprünglich aus Lumpen und Leichentüchern gefertigt, um zu zeigen, daß das Niedrigste und Gewöhnlichste zum Höchsten und Verehrungswürdigsten werden kann. Das Muster der Nähte erinnert an ein Reisfeld. Buddha sagte: „Wenn ihr dieses Gewand tragt, habt ihr bis zu eurem Tode zu essen, könnt ihr die wahre Weisheit erlangen und euer *karma* ändern."

Mein Meister glaubte sehr an das *kesa*, das Symbol der Weitergabe der Lehre im Zen. Ich habe ein großes *kesa* für die Zeremonien, doch im Alltag trage ich ein kleines *kesa (rakusu)*, das gleiche, das ich auch meinen Schülern gebe und das sie beim Zazen tragen. In China, wie später in den japanischen Tempeln und heute in Europa, legen die Mönche und Schüler am Ende des morgendlichen Zazen ihr zusammengefaltetes *kesa* auf den Kopf und rezitieren das Sutra:

dai sai gedappuku
muso fukuden e
hibu nyorai kyo
kodo sho shu jo

O welch großartiges Gewand der Befreiung!
Gewand unvergleichlicher Glückseligkeit.
Ich öffne mich hingebungsvoll der Lehre des Buddha,
Die zum satori, *dem vollkommenen*
Verständnis dieser Lehre führt,
Um alle Wesen zu retten.

F. — Hat jeder die Buddhanatur?

A. — Ja, jeder von uns. Es gab nicht nur den historischen Shakyamuni Buddha — wir alle sind Buddha. Wir haben alle in uns das Wesen Gottes.

F. — Welchen Einfluß hat Zen auf die Kampfkünste?

A. — Wie beim Zazen ist der entscheidende Punkt bei den Kampfkünsten (*budo*) die Atmung. Wenn man zum Beispiel im *karate* beim Einatmen einen Schlag erhält, fällt man um. Wenn man dagegen auf die Ausatmung konzentriert ist, wird man unerschütterlich wie ein Felsen. In *Zen in der Kunst des Bogenschießens* hat Professor Herrigel dargestellt, wie man beim Ausatmen auf den Unterbauch (*hara*) drückt und dabei den Bogen spannt: der Pfeil schnellt am Ende des Ausatmens von selbst los, der Schuß wird vollkommen präzis. Man fragt mich oft, warum im Westen selbst die besten Leute in den Kampfkünsten eine Grenze erreichen, die sie nur schwer überwinden können. Die Kampfkünste sind kein Sport und keine Technik, sondern ein WEG. Um die Kampfkünste zu verstehen, darf man sich kein Ziel setzen. Nur wenn man unbeteiligt, selbstlos ist, dringt man tief ein. Deshalb ist es unerläßlich, Zazen zu üben, wenn die Erfahrung in den Kampfkünsten ein gewisses Niveau erreicht hat.

F. — Inwiefern kann man von Zen-Künsten sprechen?

A. — Wenn ein Meister der Kunst nicht Zazen übt, ist seine Kunst nicht Zen. Nehmen wir die Kalligraphie als Beispiel. Wenn ihr nach einer Zazenübung malt, wird eure Zeichnung anders ausfallen als diejenige, die ihr vorher gefertigt hättet. Einen Kreis zum Beispiel werdet ihr leicht und natürlich zeichnen. Man drückt dabei seine

Eigenheiten, seinen Bewußtseinszustand aus, jenseits aller Technik und Form.

F. – Was ist der Unterschied zwischen Soto *und* Rinzai*?*

A. – In der Rinzai-Schule ist Zazen ein Weg, um *satori* zu erlangen, während im Soto Zazen selbst *satori* ist. Einfach nur SITZEN (*shikantaza*), ohne Zielvorstellung und Profitstreben (*mushotoku*): die Zazenübung ist selbst *satori*, alles ist *satori*. Auch ist es im Rinzai oft so, daß der Schüler sich beim Zazen auf ein *koan* konzentriert, im Soto dagegen auf nichts anderes als die Haltung von Körper und Geist und die Atmung. Doch wir dürfen vor lauter Bäumen den Wald nicht übersehen: jeder Meister hat seine eigene Art zu lehren, und die Unterschiede in der Erziehungsmethode ändern nichts an der Essenz des Zen. Aus diesem Grunde bin ich übrigens auch gemeinsamer Abgesandter für Europa aller Zenschulen Japans, Soto, Rinzai und Obaku. Meine Lehre geht in der Überlieferung durch die Folge aller Meister direkt auf Buddha zurück. Sie ist die Weitergabe einer unendlichen und universalen Weisheit, die über alle Schulen und Religionen, den Buddhismus und sogar Zen selbst hinausgeht. . .

F. – Sie haben gesagt, Sie wollten Christus helfen. Können Sie uns das erklären?

A. – Jesus hat gesagt: „Wer mich sieht, der sieht meinen Vater." Ich will Gott helfen. Christus oder Gott, das kommt auf dasselbe hinaus. Als ich in Europa ankam, war Gott sehr krank, manche glaubten ihn sogar tot. Ich möchte meinen Mitmenschen helfen, ein religiöses Bewußtsein zu erlangen.

F. — Können Sie uns präzisieren, was die Inder unter dem feinstofflichen Körper verstehen?

A. — Das ist die Essenz von Geist und Körper, jenseits der Dualität.

F. — Haben wir alle das gleiche kosmische Bewußtsein, oder hat jeder sein eigenes?

A. — Ich denke, es ist nur eines, weil es den ganzen Kosmos umfaßt — im Kosmos ist die Energie überall die gleiche. Gemäß seiner Kraft nimmt davon jeder seinen Anteil.

F. — Warum sind wir unvollkommen? Waren wir einst vollkommen? Und müssen wir es wieder werden?

A. — Das ist wohl das Problem der Zivilisation überhaupt. Lebten die Menschen besser, bevor sie zivilisiert waren? Wie ihr wißt, war ursprünglich der innere Teil des Gehirns sehr aktiv. Im Verlauf der Zivilisierung wurde dann nur noch die Hirnrinde intensiv weiter benutzt. Das Äußere hat sich so einseitig weiterentwickelt, während das Innere unterbeschäftigt blieb. Eine solche Gleichgewichtsstörung *kann* nur Nervenschwäche, Nervosität und Frustration erzeugen — beim Einzelnen wie bei der ganzen Menschheit.

Ich habe die Fresken von Lascaux und Tassili besichtigt. Vor Jahrtausenden haben die Menschen in diesen Grotten ihre Bilder auf den Felsen hinterlassen. Das sind gewaltige, vom kosmischen Bewußtsein genährte Kunstwerke. Welcher Maler könnte heute Gleichwertiges schaffen? Ich kann zu der Form, die die Entwicklung des Menschen angenommen hat, keine allgemeingültige Ansicht äußern und entscheiden, welche die beste wäre. Die Intelligenz hat sich seit der Renaissance stark entwickelt, und die Kulturen haben sich intellektualisiert, doch was ist aus der Weisheit geworden?

Ich kann euch aber folgendes versichern: durch die Zazenübung kann unser Gehirn seinen normalen und ursprünglichen Zustand wiederfinden, wieder in die kosmische Ordnung zurückfinden. In den Menschen dringt neue Energie, es entsteht eine starke Aktivität, es enthüllt sich in ihm die reine Schöpferkraft, und die Fähigkeit, sich ganz intuitiv zu konzentrieren, wird zu einer Selbstverständlichkeit.

F. — Gibt es eine Beziehung zwischen unserer Abhängigkeit vom Ich und der wechselseitigen Abhängigkeit der Erscheinungsformen?

A. — Sicherlich. Die Abhängigkeit vom Ich ist bei bestimmten Menschen sehr stark. Dies kann den Individualismus fördern oder gar zu Egoismus führen. Doch wenn wir letztenendes unser „kleines" Ich aufgeben, können wir ein anderes, das tiefe, „große" ICH erreichen.

In der Rinzai-Ausbildung im alten China bekam der Schüler für jede Frage, die er dem Meister in seinem Zimmer stellen kam, einen kräftigen Stockschlag — wenn ihn am Ausgang nicht gar ein Mönch mit einem Knüppel erwartete. Das wiederholte sich täglich. Der Schüler erhielt keine Antwort, bevor er nicht die Erweckung (*satori*) erlangt hatte. Über das *satori* wird man ein anderes ICH. Nun erst begannen die eigentlichen Unterredungen mit dem Meister: durchdringende, kraftvolle, direkte, sachliche und aufrichtige Worte.

In der Soto-Erziehung ist das Vorgehen dasselbe: der Meister erzieht seine Schüler intuitiv. Er macht ihnen die volle Bedeutung des *satori* zum ersten Male begreiflich.

Für diejenigen, die ohne Zielvorstellung hierher kommen, gilt dies: ihre Suche ist geistiger Art, und dennoch haben sie starke Persönlichkeitsmerkmale! Diejenigen, die nicht *mushotoku* sind, die mit einem Ziel kommen, die sich Zazen zunutze machen wollen, kann ich dahin erziehen, daß sie ganz automatisch ihr begrenztes Ich aufgeben. Dann kommt ganz und gar unbewußt das tiefe, freie, unabhängige ICH an die Oberfläche. Doch es ist vollkommen nutzlos, hierher zu kommen, um sein Ich bewußt aufgeben zu wollen. . .

F. — Warum erscheinen in der Überlieferung des Zen keine Frauennamen?

A. — Frauen haben ebenso wie die Männer auch Zazen geübt, und es ist ziemlich oft vorgekommen, daß eine alte Frau einen Meister erzogen hat. Nur ist es im traditionellen Asien nicht üblich gewesen, den Namen einer Frau der Nachwelt zu überliefern, selbst wenn sie Weisheit um sich verbreitet hat, selbst wenn sie einen Meister unterrichtet hat. Heute hat sich all das geändert, Mann und Frau sind gleichgestellt, und auch eine Frau kann sehr wohl Meister werden.

F. — Sie sprechen sehr oft von Weisheit. Läßt Zen denn genügend Raum für die Liebe?

A. — Wie es kein Wasser ohne Feuer gibt, gibt es auch keine Weisheit ohne Liebe. Unbegrenzte Weisheit und allumfassende Liebe befinden sich in kosmischer Harmonie. Ihre Verbindungen sind zahllos, und das Gleichgewicht ist immer vollkommen.

Liebe besteht nicht nur aus Zärtlichkeit und Küssen, sondern auch aus Stockschlägen. Sich zutiefst am Erfolg der anderen erfreuen, intuitiv an ihr Glück denken, das ist die Haltung des *bodhisattva*.

F. — Wenn ich beim Zazen auf mich konzentriert bin, fühle ich nicht das kosmische Leben...

A. — Man braucht sich darüber keine Sorgen zu machen. Niemand fühlt das kosmische Leben. Ich auch nicht. Wenn ihr es bewußt wahrnehmt, heißt das, daß ihr verrückt seid. Man empfängt die kosmische Energie unbewußt. Ihr könnt sie jedoch nach jedem Zazen bemerken — ihr fühlt euch glücklich und entspannt, ihr fühlt, daß euer Körper und euer Geist verändert sind. Ich sage immer, daß, wenn ihr glaubt, *satori* zu haben, dies nicht *satori* ist. Wenn ihr ein Ziel habt, sei es *satori* oder das kosmische Leben, werdet ihr überhaupt nichts erhalten. Wenn ihr auf eure Haltung und eure Atmung konzentriert seid, empfangt ihr unwillkürlich alles.

F. — Meister Deshimaru, haben Sie satori*?*

A. — Ich weiß es nicht. Wenn man jemanden fragt: „Sind Sie ein guter Mensch?", und er antwortet mit Ja, dann ist es sehr wahrscheinlich, daß er nicht so gut ist, wie er vorgibt, sonst wäre seine Antwort bescheidener ausgefallen, wie zum Beispiel: „Nicht so sehr", oder: „Davon weiß ich nichts".

Man darf das *satori* nicht wollen und es nicht suchen. Wer eine solche Frage stellt, will sicherlich *satori* erhalten. Dogen betont ausdrücklich, daß das *satori* schon in uns existiert, tatsächlich schon vor unserer Geburt. Wenn wir *satori* also schon haben, wozu es dann zu gewinnen suchen?

Doch wenn unser Leben voll ist von Leidenschaften und Wünschen, wenn es verkompliziert ist, müssen wir

Zazen üben, um zum normalen Zustand zurückzukehren. Zazen selbst ist *satori*. Die Rückkehr zum normalen Zustand geschieht durch eine gute Haltung, die korrekte Atmung und Stille.

Die Frage zu stellen, ob ich *satori* habe, bedeutet, daß man nicht verstanden hat, was das wahre Zen ist. Die passende Antwort kann nur sein: „Nein, ich habe nicht *satori*, sondern ich übe Zazen, denn Zazen selbst ist schon *satori*."

F. — Ich war sehr beeindruckt davon, daß das Verschwinden des Ich so wichtig ist. Ich sehe aber auch, daß es doch wohl einen instinktiven Widerstand des Ich dagegen gibt. Muß man es also radikal unterdrücken?

A. — Warum das Ich vollständig aufgeben? Das habe ich nie so gesagt. Man kann das Ich mit dem Kopf aufgeben, doch der Körper folgt dem nicht! Deshalb ist Zen auch eine körperliche Übung zur Aufgabe des Ich. Nehmen wir an, beim Zazen spürt ihr eine schmerzhafte Stelle in eurem Körper. Wenn ihr euch auf die Haltung und die Atmung konzentriert, gebt ihr unwillkürlich das Bewußtsein dieses Schmerzes auf. Das ist eine Frage der Geduld, der Wiederholung, der Übung. Über den Körper das Ich unbewußt, intuitiv aufgeben, das ist das Ziel der Zenerziehung.

F. — „Ich bin nicht ein anderer", sagte Dogen. Können Sie uns diese Äußerung erklären?

A. — Ja... Das ist eine lange Geschichte, ein *koan*.

Mit 24 Jahren ging Dogen nach China, um dort das wahre Zen zu suchen. Doch er fand es nicht. Er fand zwar eine hochentwickelte Kultur, aber nicht das, was er suchte.

An einem heißen Sommertag, als er schon Vorbereitungen für die Rückreise nach Japan traf, sah er vor einem kleinen Tempel einen sehr alten Mönch, der damit beschäftigt war, Pilze zum Trocknen auszulegen. Es war wirklich glühend heiß, daher fragte ihn Dogen: „Warum arbeitet Ihr so schwer? Ihr seid ein alter Mönch, und noch dazu ein Würdenträger. Warum fordert man nicht die jungen Mönche auf, diese Arbeit zu verrichten? Und zudem ist es heute zu heiß zum Arbeiten, warum wartet man nicht einen milderen Tag ab?"

Die Antwort ist in die Geschichte eingegangen: „Ihr kommt aus Japan und scheint mir ein gutmütiger junger Mann zu sein. Ihr kennt den Buddhismus, doch Ihr habt noch nicht die Essenz des Zen in Euch. Ein anderer ist nicht ich, und ich bin nicht ein anderer! Ein anderer kann nicht die Erfahrung meiner Handlung machen. Wenn ich nicht selbst übe, kann ich nicht verstehen. Ich muß meine eigene Erfahrung des Pilzetrocknens machen."

Das ist die Essenz des Soto-Zen. Die anderen sind nicht ich. Dogen war wirklich überrascht. Er fragte weiter: „Aber warum heute, bei solch einem Wetter?"

Der alte Mönch antwortete: „Hier und jetzt, das ist sehr wichtig. Um die Pilze zu trocknen, muß es trocken und heiß sein. Morgen könnte es regnen, und die Pilze wären dann auch nicht mehr so frisch. Aber ich muß jetzt arbeiten, stört mich also nicht. Wenn Ihr das wahre Zen finden wollt, so geht zu meinem Meister Nyojo."

Dogen fuhr nicht ab, und Meister Nyojo wurde sein Lehrer. Nyojo mochte ihn auf den ersten Blick. Durch die Zazenübung verstand Dogen das wahre Zen. Er gab seine Bücher auf. Jeden Morgen übte er Zazen, säuberte das *dojo* und schmückte es mit Blumen. Nyojo dachte:

„Dieser junge Mann ist wirklich fähig, ich muß ihn als meinen Nachfolger bestätigen." Und er übergab ihm sein *kesa*.

Die Philosophie Dogens beruht demgemäß auf den drei Prinzipien:

1. Sich hier und jetzt konzentrieren.
2. Ein anderer ist nicht ich, und ich bin nicht ein anderer.
3. *Shikantaza*: einfach nur SITZEN.

Der Tod

F. – Warum sind wir geboren?

A. – Weil eurer Vater und eure Mutter euch das Leben geschenkt haben. Ihr sprecht ein großes Problem an. . . Ein wahres *koan*. Vergeßt es nicht.

„Warum bin ich geboren? Um zu essen? Um zu lieben? Um Wissen anzusammeln?" Diese Frage ist der Gegenstand eures Lebens. Was denken die anderen darüber? (*Einige Schüler antworten.*) Jeder hat eine andere Meinung. Um unser Leben oder die Menschheit zu entwickeln, sagen die einen – um es dem Bewußtsein zu ermöglichen, sich zu verkörpern oder damit das kosmische Leben individuell gelebt werde, sagen die anderen. Jede dieser Antworten ist richtig! Man steht hier vor der Frage, auf die sich alle Religionen gründen. Durch die Entdeckung des Zazen hat der Buddha das Problem von Geburt und Tod gelöst.

F. – Ist das Resultat des Zen nicht ein glücklicher Selbstmord?

A. – Ein Selbstmord ist niemals glücklich. Er zeugt nicht von einem normalen Zustand. Ihr müßt leben, ihr dürft eurem Leben kein Ende setzen. Sicher, einige Priester in Vietnam haben sich selbst verbrannt, aber diese Handlung drückte politischen Widerstand aus.

Im Dominikanerkloster von l'Arbresle
(Ph.: Marc de Smedt)

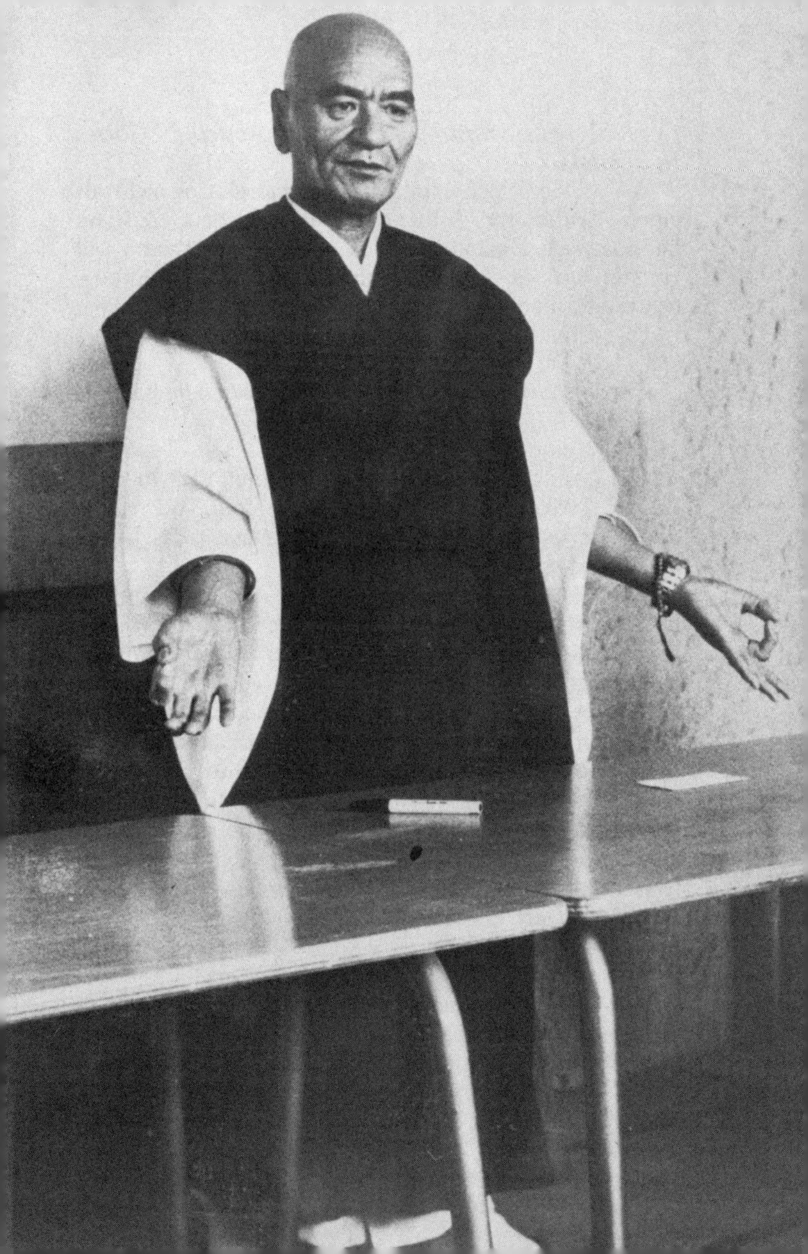

F. – Heißt Selbstmord nicht, die Absichten Gottes zu vereiteln?

A. – Doch. Man muß leben. Sicher gibt es mehr als einen Grund für Selbstmord. In welchem Zustand befindet sich jemand, der sich selbst tötet? Warum will er sterben? Man redet von Kummer, Erschöpfung, Neurosen, Familienschwierigkeiten... In vielen Fällen ist es schon schwieriger zu leben als zu sterben...

F. – Welche Beziehung besteht zwischen harakiri *und Zen?*

A. – Keine.

Das *Lotussutra* enthält einen berühmten Satz über das Leben: „Wir dürfen keine Angst vor dem Tod haben, doch wir dürfen nicht sterben. Wir müssen das Leben lieben und es wollen."

Harakiri entspricht nicht dem Geist des Zen. In Europa ist man über dieses Thema schlecht informiert. Ursprünglich, wenn im alten Japan ein Krieger (*samurai*) gefangengenommen und zum Tode verurteilt wurde, konnte er den Gedanken nicht ertragen, daß das Urteil von einem anderen als von ihm selbst vollstreckt würde. Es war besser, sich selbst zu töten, als getötet zu werden. *Harakiri* ist demnach kein Selbstmord. Man macht es, wenn man ohnehin sterben muß. Die *samurai* nahmen an, daß, wenn man jemanden tötet, dessen Seele als Geist umherirre, wenn er aber *harakiri* macht, sein Bewußtsein sich erschöpfe und friedlich werde.

F. – Was halten Sie von der Einäscherung?

A. – Das ist eine normale Sitte im Osten. Warum? Für die Familie. Wenn der Körper bleibt, denkt die Familie nämlich immer an den Körper in der Erde. Sie hält an ihm fest. Wenn der Körper verbrannt ist, endet alles, nur das *karma* des Geistes besteht weiter. Nach dem Tode ist der Körper nichts mehr. Er ist nur Staub. Man erweist dem Körper des Verstorbenen Ehre, dann trennt man sich von ihm. Nach der Einäscherung sieht man nur noch ein paar Knochen und Asche.

Dann versteht man: auch ich muß einmal – zu Staub werden.

Man kann so den Tod verstehen, und die Trauer und das Haften an den Dingen und Menschen wandeln sich in Reinheit.

Wenn ich einmal sterbe, verbrennt man mich hoffentlich und streut meine Asche in die Seine oder ins Meer. In Amerika wird der Körper dagegen oft einbalsamiert, geschminkt und geschmückt, um ihm den Anschein von Leben zu geben. Welches Verfahren ist wohl das bessere? Das ist eine Frage des Bewußtseinsstandes.

F. – Die Erinnerung bleibt aber?

A. – Wenn wir sterben, stirbt der Körper und damit auch das Gehirn, doch unser Bewußtsein setzt seinen Einfluß fort. Es beeinflußt weiterhin die Gesamtheit des Seienden, das heißt, es existiert konkret und wirkt ein auf Materie und Geist unserer unmittelbaren und fernen Umgebung und auf den Zustand der Welt insgesamt. *Wie* denken wir? Das ist eine wichtige Frage. Wenn wir auf einer höheren Stufe des Bewußtseins leben, dauert dieses nach dem Tode auf seine Weise fort. Leben wir auf einer niedrigeren Stufe, hinterläßt es einen anderen Einfluß. Meister Dogen hat diesen Punkt sehr betont. Das *karma*, das wir hier und jetzt mit unserem Körper, unseren Handlungen, Worten, Gedanken und unserem Bewußtsein schaffen, dauert ewig fort. Wir schaffen die zukünftige Welt in der unmittelbaren Gegenwart.

F. – Können wir dem Tod nicht einen Sinn geben?

A. – Der Tod ist das Ende. Wenn man sterben muß, stirbt man. Das Wichtige ist das „Hier und Jetzt". Wenn jemand das Gewehr auf mich richtet, kommt mein Tod hier und jetzt, und ich bin ohne Furcht. Wenn man Krebs hat, ist es das gleiche. Es ist durchaus möglich, sich zu sagen: „Ich muß sterben." Wichtig ist, daß man die „Entscheidung" trifft zu sterben.

F. – Hat diese Entscheidung einen Sinn?

A. – Sie hat keinen bestimmten Sinn. Man muß sterben, das ist alles. Wie sterben? Warum sterben? Während eines Schwertkampfes sagt man sich nicht: „Ich will nicht sterben! Und wenn ich verliere, was werde ich dann tun?" Im Kampf handeln Körper und Geist zusammen und akzeptieren zusammen den Tod. Allein in Gedanken zu sterben, ist unmöglich, auch der Körper muß diese Entscheidung treffen. Wenn wir sterben müssen, sterben wir, ohne uns zu bewegen, ohne irgend etwas sonst. Aber wenn der Moment noch nicht gekommen ist, braucht man auch nicht zu sterben. Man muß sich retten. Das ist klar.

F. – Gilt nur die „Entscheidung" des Körpers etwas und nicht auch die des Verstandes?

A. – Selbst wenn ein großer Meister sagt, er wolle jetzt sterben, so hat er in seinem tiefsten Inneren doch keine Lust zu sterben. Selbst Christus hat sich im Augenblick seines Todes dagegen aufgelehnt. Es bleibt im Gehirn immer ein kleiner Gedanke der Weigerung. In den traditionellen Religionen spricht man von einem Paradies oder von einem Leben nach dem Tode. Das ist eine Methode, um die Menschen darauf vorzubereiten, würdig zu sterben. Andernfalls würden sie in ständiger Furcht vor dem Augenblick leben, in dem sie ins Grab gehen. Kann mein Körper, wenn ich hier und jetzt sterben muß, den Tod akzeptieren, bleibt mein Bewußtsein friedlich. Dieser Körper ist Materie, er ist nicht das Wahre ICH. Und das sich immer wandelnde Bewußtsein ist ebensowenig das Wahre ICH. Wir müssen verstehen, daß nichts wichtig ist. Wenn man das versteht, ist es nicht einmal notwendig, das Ich aufgeben zu wollen.

Wie sieht das ICH aus, das dies versteht? Es existiert, das ist Buddha, das ist Gott, das ist die höchste Weisheit.

F. — Wie starb Buddha?

A. — Buddha ist an einer Krankheit gestorben, nachdem er Wildschweinfleisch gegessen hatte. Und ich glaube, er wollte nicht sterben, denn er war ein Mensch. Doch als er starb, war er friedlich und ohne Angst. Wenn man sterben muß, stirbt man und kehrt in den Kosmos zurück. Wenn unsere Aktivität erschöpft, unser Leben beendet ist, kommt der Augenblick der Entscheidung: „Hier und jetzt muß ich sterben".

F. — Wer versteht?

A. — Das Wahre ICH versteht, und es fällt die Entscheidung. Die höchste Philosophie ist die von *ku*, der Leerheit: in der Materie gibt es nach dem Atom oder dem Neutron nichts. Auch in unserem Körper gibt es letztlich nichts. Durch Zazen, die Unbeweglichkeit, das Nicht-Denken, erscheint allmählich das Wahre ICH, das dies verstehen kann: das ist wie das Betrachten seiner selbst im Spiegel. In Wirklichkeit ist das nicht das Ich. Vielleicht ist es das, was man im Christentum Gott nennt. Aber im Zen nennt man es das Wahre ICH, das Absolute ICH. Es muß etwas geben, das versteht, und allein Gott, oder der Kosmos, kann verstehen. Das ist das ICH, das alles aufgegeben hat, Familie, Geld, Ruhm, Liebe, ja sogar den Körper. Das ist es, was man *nirvana* nennt. Was ist das Ich im Christentum? Jesus hat sein Leben entschlossen geopfert. Wie hat Gott aus sich selbst heraus die „Entscheidung" getroffen zu sterben?

F. — Jesus hat unter den Menschen einen Kampf geführt. Seine Feinde wollten seinen Tod; er hat eher diesen Tod freiwillig angenommen, als seinen Auftrag zu verleugnen. Er hat aus diesem Tod seinen Auftrag gemacht, das heißt, das sichtbare Geschenk seiner selbst an die Menschen.

A. — Christus konnte auf diese Art sterben, er hat sich so entschieden. Aber wie können die anderen Menschen gleiches tun? Wie sollen sich nach deiner Meinung die Menschen dem Tod stellen?

F. — Ich glaube, was mich im Falle Christi beeindruckt, ist nicht so sehr, daß er gestorben, sondern daß er auferstanden ist.

A. — Das ist dein Glaube. Aber andere glauben nicht daran. Und wie soll man denen helfen, die es nicht glauben?

F. – Man braucht nicht sein Leben aus Liebe zu den Menschen wegzugeben. Es gibt viel Einfacheres, wie etwa seinem Nächsten zu helfen, Handlungen, die im gegenwärtigen Augenblick für jedermann viel zugänglicher sind.

A. – Die Rolle der Religion ist es, den Menschen zu helfen, sich dem Augenblick des Todes zu stellen. Im allerletzten Augenblick ist die Haltung des Körpers und des Geistes sehr wichtig. Wie soll diese aussehen? Den Tod spontan akzeptieren heißt: der Mensch findet die heitere Ruhe. Darauf zielt die Zenerziehung.

Manche Meister sind, bevor sie starben, aufgestanden und haben die Zazenhaltung eingenommen, manche sind sogar aufrecht gestorben. Das ist eine gute Art und Weise, seine Schüler vor seinem Tode zu unterrichten. Vielleicht werden, den Tod vor Augen, meine letzten Worte an meine Schüler sein: „Ich will nicht sterben."...

Während des Krieges habe ich eine Erfahrung der unmittelbaren Todesnähe durchlebt: Ich mußte auf einem mit Dynamit beladenen Schiff von Japan nach Indonesien fahren. Auf dem Schiff übte ich Zazen und dachte, als dann Bomben fielen: „Jetzt muß ich sterben." Und ich fragte mich: „Was werde ich nach dem Tode tun?" Ich dachte an meine Familie, und in diesem Moment ist es sehr schwer, seinen eigenen Tod zu „beschließen". Doch nach diesen quälenden Gedanken kam die Ruhe: „Hier und jetzt werde ich sterben." Durch die Erfahrung dieses Zustandes kennt man die heitere Ruhe vor dem Tode. Nach dieser Erfahrung habe ich mich entschieden, Mönch zu werden.

Wenn ihr jetzt sterben müßtet, was würdet ihr euch wünschen?...

F. – Bedeutet satori *also, die Furcht vor dem Tode zu besiegen?*

A. – Ja. Und ich sage immer wieder: Wenn ihr Zazen übt, geht ihr in euer Grab. Aufzuhören, Zazen zu üben, heißt das *satori* zu beenden. Das „Hier und Jetzt" ist das Wichtigste. Bis zum Tode... Das vollständige *satori* haben wir im Grab. Der Körper selbst ist Illusion von dem Moment an, wo man ihn in die Erde legt. Es gibt nichts zu fürchten. Wenn wir das verstehen, erlangt unser Leben neue Kraft, und alles wird friedlich und frei um uns herum. Das ist der Sinn des *satori*!

WAS IST

KONZENTRATION?

MU – NICHTS.

Denken, ohne zu denken

Manchmal tauchen beim Zazen ununterbrochen Gedanken auf, die alltäglichen Probleme, Wünsche und Ängste bedrängen uns unaufhörlich. Nun darf man aber die Gedanken weder bekämpfen noch sie festhalten. Im *Shodoka* heißt es: „Man darf weder die Wahrheit suchen noch die Illusionen abschneiden." Man läßt die Gedanken vorbeiziehen, man unterstützt sie nicht, sie verlieren so ihre Schärfe, und Zazen führt uns über sie hinaus.

Unser Geist ist kompliziert und schwer zu lenken, geschäftig wie ein Affe. Wenn wir versuchen, ihn zu meistern, stellen wir schnell fest, daß dies unmöglich ist. Doch indem wir korrekt Zazen üben, das richtige Sitzen, indem wir uns allein auf die Haltung und die Atmung konzentrieren, vergessen wir unser Bewußtes, und die Gedanken ziehen von alleine und auf natürliche Weise vorbei. Diese Gedanken entstammen zunächst unserem Alltag. Später, wenn wir die Übung eine Stunde, einen Tag oder einen Monat lang fortsetzen, erreichen wir die tiefsten Schichten des Unterbewußten.

Zazen erzieht uns auf der Ebene des Unbewußten und läßt uns so die Weisheit und die wahre Intuition finden. Diese Erziehung ist auch eine Erziehung all unserer Sinne: beim Zazen bekommen die Wahrnehmungen sehr große Schärfe. Hier im *dojo* hören wir das Rauschen des Windes, den Schlag des *kyosaku*, den Lärm der Autos, das Zwitschern der Vögel... Wenn wir uns von diesen Erscheinungen ablenken lassen, vergessen wir, uns auf die Haltung zu konzentrieren.

Was ist Konzentration?

In den traditionellen Zentexten heißt es:

Sehen, ohne zu sehen,
Hören, ohne zu hören,
Fühlen, ohne zu fühlen,
Denken, ohne zu denken.

Man muß sich gleichzeitig auf alle sechs Sinne konzentrieren (das Bewußtsein wird dabei als ein sechster Sinn angesehen), sie vereinen, sie harmonisieren. Wenn die Sinne vereint sind, kann man die wahre Konzentration finden, ohne sich des Willens zu bedienen. Denken, ohne zu denken, unbewußt... Es gibt verschiedene Mittel, die helfen, diese Konzentration zu finden: zum Beispiel beim Ausatmen so stark wie möglich auf die Eingeweide zu drücken, oder das *kyosaku* zu empfangen...

Beim Zazen ist der Schmerz wirksamer als die Ekstase. Die beste Konzentration stellt sich zusammen mit dem Schmerz ein, wenn man Lust hat wegzugehen, weil man erschöpft ist. Die wahre und tiefe Konzentration findet sich an der Grenze zwischen Leben und Tod. Sicherlich muß man als Anfänger guten Willen zeigen; man korrigiert seine Haltung oder seine Konzentration zunächst bewußt, später, mit der Zeit, verbessert sie sich ganz unbewußt von selbst.

Wenn man sich an Zazen gewöhnt hat, erreichen die Sinne im täglichen Leben die gleiche Schärfe wie beim

Zazen. Zazen wird zur Quelle unserer Existenz. Die Erscheinungsformen (die Phänomene oder *shiki*) werden *ku* (Leerheit). Die meisten Menschen handeln nur, indem sie sich ihres Bewußtseins und ihres Wissens, die beide immer begrenzt sind, bedienen. Die wahre Schöpfung, die rechte Handlung kommt aus der Weisheit; sie entspringt nicht dem bewußten Denken, sondern den Tiefen des Geistes. Die Essenz wird sichtbare Erscheinung. Das ist genau das, was im *Sutra der Großen Weisheit (Hannya Shingyo)* rezitiert wird: *shiki soku ze ku, ku soku ze shiki,* die Form ist die Leerheit, die Essenz, und die Leerheit ist nichts anderes als die Form.

Die Geschichte von Gobuki

Einst lebte tief im Gebirge ein sehr boshafter Drachen, der alle, die sich ihm näherten, verschlang. Daher wagte sich niemand mehr dorthin. Eines Tages jedoch machte sich ein Mann namens Gobuki („Fünf Waffen“) auf, bewaffnet mit einem Spieß, einer Lanze, einer Mistgabel, einem Stock und einem Schwert, um das Dorf von dieser Plage zu befreien. Als er vor dem Untier ankam, kämpfte er nacheinander mit all diesen Waffen, doch sie flogen wieder zu ihm zurück und blieben an seinem Körper hängen. Also blieb er bewegungslos und betrachtete den Drachen ruhig, ohne zu reden und ohne Angst.

Dieser brüllte: „Warum hast du keine Angst? Warum?“

„Ich habe überhaupt keine Angst“, antwortete Gobuki, „weil ich den ganzen Kosmos umfasse. Mein Körper ist in seiner Essenz universal, ebenso wie mein Geist. Du bist in deiner Essenz auch universal. Daher existiere ich in dir, und du existierst in mir, in meinem Körper und in meinem Geist. Wenn du mich frißt, frißt du dich. Wenn du dich frißt, bist du verrückt! Das weißt du nun – wenn du mich fressen willst, bitte, tu es.“

Da sagte das Ungeheuer: „Bis heute habe ich keinen

gesehen, dem ich nicht Furcht und Schrecken habe einjagen können. Deine Rede hat mir den Appetit verdorben, ich fühle mich nicht wohl. Spare dir deine Waffen und verschwinde!"

Licht und Erleuchtung

Das wahre Licht strahlt nicht. Es leuchtet nicht in auffälliger Weise wie der Ruhm.

In einem Tempel im Gebirge wandte sich an einem Wintertag ein alter Meister an seinen Schüler: „Mir ist sehr kalt. Würdest du bitte das Feuer schüren?" Der Schüler bemerkte: „Man sieht keinen Schein mehr im Feuer. Es ist ausgegangen. Es ist nur noch Asche im Herd." Der Meister kam heran, schob mit der Hand die Asche beiseite und fand ganz unten ein klein wenig rote Glut. „Sieh her, da kannst du ein kleines Licht sehen." Er blies in die Glut, und die Flamme schlug mächtig hoch. In diesem Augenblick erlangte der Schüler *satori*.

Dieses Feuer ist ein Bild für die Wahre Erleuchtung. Bei den Menschen im Westen weckt das Wort Erleuchtung oft eine Vorstellung von etwas außerordentlich Leuchtendem. Doch das Wahre Licht schimmert nicht nach außen, es hat keine Helligkeit.

Shinku bedeutet im Japanischen: „Die Wahre Erleuchtung strahlt nicht." Das ist ein *koan*. . . Unser Leuchten nicht nach außen hin zeigen. Durch die Versenkung in Zazen unbewußt die Intuition der ursprünglichen Existenz finden. Bis in jede einzelne Zelle des Körpers und des Geistes hinein die Energie (*ki*) empfangen. Sicherlich, der Buddha war erleuchtet, und seine Erleuchtung wird symbolisiert durch einen Punkt, ein „Drittes Auge", auf der Stirn zwischen den beiden Augen. Jeder weiß das. Doch im Zen bedeutet 'Erleuchtung' auch: „Nicht mit der Nase essen, sondern mit dem Mund." Das heißt: richtig handeln. Die Erleuchtung, die Erweckung, spiegelt sich in jeder Handlung des täglichen Lebens.

Demgemäß ist die Erleuchtung nicht nur blendend, sondern zuweilen auch dunkel. Manchmal lang, manchmal kurz, manchmal viereckig, manchmal rund! Das klare Licht bricht in der dunklen Nacht hervor, und der wunderbare Lotus blüht im Schlamm des Moores. Ein großer Meister hatte die Erleuchtung, als er einen Kiesel gegen Bambus schlagen hörte, ein anderer, als er einen Pfirsichbaum in Blüte sah. Newton hatte eine wissenschaftliche Erleuchtung, als er einen Apfel vom Baum fallen sah, und Archimedes hatte eine in seiner Badewanne. Die Erleuchtung, die „Große Intuition", erscheint auch im Kontakt mit dem Anderen, in der Kommunikation von Geist zu Geist, „von meiner Seele zu deiner Seele" (*i shin den shin*).

Man kann das Licht überall finden. „Eine Wolke steigt am Südgebirge auf und regnet sich im Nordgebirge ab", sagt ein berühmtes *koan*.

Die Große Weisheit besteht darin, mit dem Kosmos in Harmonie zu gelangen. Wenn das bewußte Ich kosmische Wahrheit wird, bricht die Erleuchtung hervor. Im Zen spricht man jedoch eher vom *Erwachen* oder *satori*. Und doch gibt es nichts, was man anstreben dürfte. Wenn man Zazen regelmäßig übt, kann man das *satori* automatisch erlangen, manchmal schrittweise, manchmal in einer vollständigen inneren Revolution, einer totalen Umwälzung des Wesens nach innen.

Das reine, makellose Licht ist die höchste Weisheit: ohne Leiden, ohne Unwissenheit, ohne Zweifel, ohne Angst. Jede Erscheinung unseres Lebens bietet hierzu täglich einen Zugang.

Tief in der Asche schimmert noch rötlich die Glut. Wenn wir unablässig in der Erde unseres Geistes graben, finden wir sicher die sprudelnde Quelle, die tiefe Weisheit, die alle Dinge enthält.

Das helle Mondlicht,
Das aus dem Geist hervorleuchtet,
Rein, makellos und vollkommen,
Zerbricht die Wellen,
Die sich auf das Ufer stürzen
Und es mit Licht überfluten.

Wahres kosmisches Licht, jenseits von Raum und Zeit, das ewige Licht. Ein Stern blinkt am Abendhimmel, ein winziger Punkt im großen, ruhigen und stillen Ozean des Nichts (*mu*). Das Licht taucht aus der dunklen Leerheit auf, und der Kreislauf beginnt. Energie, Materie, Leben, Bewußtsein, Leerheit. . . Dann kehrt das Wesen zurück, die Bewegung besänftigt sich, alles ist ruhig. Jeder von uns ist ein Teilchen, das begabt ist mit Bewußtsein, diesem zarten, zerbrechlichen Licht, diesem kurzen Aufleuchten eines dem Tode geweihten Wesens, das wie ein funkelnder Stern in der Nacht aus dem absoluten Nichts auftaucht.

Wenn wir nicht das Schein-Sein unseres Wesens, seinen illusorischen Charakter erkennen, so kennen wir uns nicht wirklich. Aus dieser Erkenntnis besteht die Erleuchtung. Die unscheinbare Glut tief in der Asche ist wie der einsame Stern oder das tiefe ICH, das sich aus

(Ph.: Jean Zoost)

der Meditation erhebt. Die heilige Nacht ist Licht, der Wahre Gott ist inmitten dieser Nacht, die heller strahlt als der Sonnenschein.

Die Palmfrucht ist reif

Meister Baso lehrte: „Der Geist selbst ist Buddha.“ Er wiederholte dies immer wieder. Deshalb setzte einer seiner Schüler, der ihn verlassen hatte, um selbst einem anderen *dojo* vorzustehen, diese Lehre seines Meisters fort und sagte seinerseits immer wieder: „Der Geist selbst ist Buddha.“

Eines Tages änderte sich Meister Baso und sagte: „Weder Geist noch Buddha.“

Jemand besuchte den ehemaligen Schüler und berichtete ihm: „Meister Baso sagt nicht mehr: ‘Der Geist selbst ist Buddha’, sondern ‘Weder Geist noch Buddha’.“

Der Schüler bemerkte: „Einverstanden, der Meister hat sich geändert, aber ich sage weiterhin: ‘Der Geist selbst ist Buddha’.“

Der Besucher ging in den Tempel zurück und berichtete die Unterhaltung dem Meister. Der sagte: „Die Palmfrucht ist reif. Ich brauche nicht mehr zu sprechen. Denn man kann tatsächlich mit Worten nicht erklären. Mein Schüler ist weder älter noch jünger, dafür hat er den Beweis erbracht. Der Geist ist Buddha – aber was ist Buddha? Was ist der Geist? Niemand kann vollständig verstehen, was der Wahre Buddha ist.“

Das Karma abschneiden

Gibt es eine Seele? Was ist sie? Der Geist? Wo befindet sie sich? Im Kopf, oder im Herzen? Was geschieht nach dem Tode? Noch keiner ist zurückgekommen, um diese Frage zu klären. Im Buddhismus sagt man, wenn der Körper stirbt, verschwindet die Seele auch. Die Seele, der Geist, ist keine Wesenheit (Entität) und geht weder in den Himmel noch in die Hölle. Doch unser *karma* wirkt weiter; es hat schon vor uns existiert und ist über unsere Vorfahren zu uns gelangt. *Karma* ist die Abhängigkeit von der Kausalität, von der Verkettung der Handlungen und von der Verantwortlichkeit, die daraus entspringt. Und von daher schaltet es sich ein, um festzulegen, was wir sind – einschließlich unserer individuellen Eigenheiten.

Karma heißt im Sanskrit 'Handlung und ihre Konsequenzen'. Man unterscheidet traditionellerweise drei Arten von Handlung, je nachdem, ob sie durch den Körper, die Sprache oder das Bewußtsein (oder das Denken) vermittelt ist. Ob man nun schläft oder küßt, dieses Handeln läßt seine Wirkungen über unbestimmte Zeit andauern. Auch die geringsten Handlungen, Worte oder Gedanken üben einen Einfluß aus, sind „*karma*-Samen". Wenn jemand also dem Verlangen zu kritisieren nachgibt, wird diese Kritik sicher auf ihn zurückkommen.

Das *karma* des Körpers und der Sprache sind naturgemäß äußere Handlungen. Sie können leicht kontrolliert werden. Im übrigen sind einige körperliche Handlungen durch das Gesetz beschränkt. Die Sprache ist freier, doch sie ist moralischen oder sozialen Beschränkungen unterworfen. Das Denken, das ausschließlich dem inneren Bereich angehört, entzieht sich diesen Kontrollen – man kann denken, was man will. Jede dieser drei Dimensionen wirkt auf die beiden anderen ein. So beeinflussen zum Beispiel der Zustand des Körpers und seine Haltung das Bewußtsein. Handlungen, Worte und Gedanken (Bewußtseinszustände): alles ist miteinander verbunden. Daher genügen Selbstbeobachtung oder Psychoanalyse nicht, um sich kennenzulernen oder sein *karma* zu verstehen, vielmehr muß dies über den Körper geschehen.

In der traditionellen buddhistischen Philosophie unterscheidet man drei Inkarnations- oder Verkörperungswelten und Sechs Wege des Bewußtseins. Die Drei Welten sind die Welt der Instinkte und tierischen Begierden, die menschliche und die metaphysische Welt.

Die Sechs Wege sind:

Naraka: das Leiden, die Hölle,

Preta: die immerwährende Begierde,

Asura: das Bedürfnis nach Macht,

Manusha: die menschlichen Beschäftigungen familiärer, sozialer, intellektueller Art u.s.w.,

Buddha: die Freiheit, die Wahrheit, die Weisheit.

Manche erreichen durch die Zazenübung einen Zustand von Weisheit und Erweckung. Da sie jedoch ihre Konzentration nicht ohne Zielvorstellung aufrechterhalten oder sich gar einem narzißtischen Glücksgefühl überlassen, fallen sie auf den Ausgangspunkt des Kreises zurück und sind aufs neue die Beute von Begierde und Leiden. Und so fort... Die Transmigration („Seelenwanderung") vollzieht sich in uns in jedem Moment, hier und jetzt.

Man unterscheidet auch zehn Arten von Bewußtsein. Aber die Seele, oder der Geist, hat keine eigene Existenz, es gibt kein Ich, das durch alle Inkarnationen Bestand hätte. Wenn das Ich eine Wesenheit wäre, könnten wir uns bei jeder Gelegenheit kontrollieren, könnten wir unser Leben vollständig steuern. Indessen kann man sich nicht gegen das *karma* auflehnen – es ist unbewußt da, bevor man es bewußt wahrnehmen kann. Reife bedeutet, unser tiefes Wesen, das Wahre ICH zu entdecken und von daher unser „kleines" Ich zu verstehen.

Tatsächlich ist das, was uns belebt, also unser Geist, in seinem Wesen *ku*, Leerheit, Nichts. *Ku* ist aber auch das Universum in seiner Totalität.

Man kann der Anhäufung von *karma* ein Ende bereiten, man kann das *karma* abschneiden. Beim Zazen tauchen Gedanken auf. Durch lange Übung erreicht man allmählich – unbewußt, automatisch, natürlich und spontan – den reinen Geist, man ist ohne Denken (*mushin*), jenseits des Denkens (*hishiryo*). Das Ich ist aufgegeben, man lebt in absoluter Harmonie mit dem Universum.

Die Miau-Geschichte

Ein *samurai*, der als gefürchteter Krieger bekannt war, angelte an einem Fluß. Er fing einen Fisch und traf gerade Vorbereitungen, ihn zu kochen, als eine Katze aus dem Gebüsch hervorsprang und ihm seine Beute stahl. Wütend zog der *samurai* sein Schwert, holte die Katze ein und teilte sie in zwei Stücke. Dieser Krieger war ein eifriger Buddhist, und so plagten ihn dann Gewissensbisse, weil er ein lebendiges Wesen getötet hatte.

Als er wieder nach Hause ging, sang der Wind in den Bäumen Miau.

Im Geräusch seiner Schritte erklang Miau.

Die Leute, die er auf dem Weg traf, schienen ihm Miau zuzurufen.

Was seine Frau ihm sagte, waren auch Miaus.

Der Blick seiner Kinder spiegelte Miau.

Auch seine Freunde miauten unaufhörlich, wenn er kam.

Überall und bei allen Gelegenheiten stachen ihn diese Miaus.

Nachts träumte er nur von Miaus.

Tagsüber verwandelte sich jeder Ton, jeder Gedanke, jede Handlung seines Lebens in ein Miau.

Er selbst war Miau.

Sein Zustand verschlimmerte sich ständig. Sein

Wahnbild verfolgte ihn, quälte ihn unablässig und ohne Ende. Da er mit all diesen Miaus nicht fertig werden konnte, begab er sich in einen Tempel, um dort einen alten Zen-Meister um Rat zu fragen.

„Bitte, bitte, erlöst mich... Helft mir...", flehte er.

Der Zen-Meister antwortete ihm:

„Ihr seid ein Krieger, wie konntet Ihr nur so tief sinken? Wenn Ihr diese ganzen Miaus nicht selbst besiegen könnt, verdient Ihr nur den Tod. Ihr habt keine andere Wahl, als *harakiri* zu begehen. Hier und Jetzt."

Und er fügte hinzu:

„Da ich ein Mönch bin, habe ich Mitleid mit Euch. Wenn Ihr also begonnen habt, Euch den Bauch zu öffnen, werde ich Euch mit meinem Schwert den Kopf abhauen, um Eure Leiden abzukürzen."

Der *samurai* willigte ein, und ungeachtet seiner Furcht vor dem Tode bereitete er sich auf die Zeremonie vor. Als alles Notwendige herbeigeschafft war, setzte er sich auf die Knie, faßte seinen Dolch mit beiden Händen und richtete ihn auf seinen Bauch.

Hinter ihm stand der Meister und zückte sein Schwert...

„Der Moment ist gekommen", sagte er zu ihm, „fangt an!"

Langsam setzte der *samurai* die Spitze seines Dolches auf den Unterleib. In diesem Augenblick ergriff der Meister wieder das Wort:

„Was ist mit Euren Miaus? Hört die immer noch?"

„Na so was, jetzt nicht. Wirklich, jetzt gar nicht."

„Nun, wenn es keine Miaus mehr gibt, ist es auch nicht nötig zu sterben."

In Wirklichkeit sind wir alle wie dieser *samurai*. Ängstlich und gequält, feige und furchtsam bei jeder Gelegenheit, die kleinsten Dinge erschrecken uns.

Die Probleme, die uns belasten, haben nicht die Wichtigkeit, die wir ihnen beimessen. Sie sind wie die Miaus in der Geschichte. Was ist wirklich wichtig – angesichts des Todes?

Die Entwicklung vorantreiben

Es ist nutzlos, andere zu imitieren. Bei jedem führen die Ausgangsbedingungen und die Umgebung zu Unterschieden. Von da ausgehend muß man – hier und jetzt – sich selbst erschaffen und die höchste Verkörperung (Inkarnation) des Lebens erreichen.

Wenn wir ein Ziel haben, kommen wir nicht voran. Wenn wir keines haben, erkennen wir daß wir NICHTS sind. Und dann können wir gelassen sein. Beim Zazen ist man weder zufrieden noch traurig, ohne Emotion, wie Eis. Nichts, diamantene Reinheit.

Die wahre, allumfassende Liebe entspringt aus dem Bewußtsein unserer gemeinsamen Schöpfung durch die kosmische Ordnung. Die anderen sind wie ich selbst auch ohne Ich und nicht grundsätzlich von mir verschieden. Dazu beitragen, daß die anderen stark sind... Die höchste Liebe und die Wahre Weisheit besteht darin, dem Anderen die gemeinsame Wurzel unseres Lebens zu entdecken.

Wenn die Persönlichkeit vollständig entwickelt ist, zieht sie eine tiefe Furche in das soziale Umfeld. Das bedeutet nicht, daß man berühmt werden muß, sondern: das „kleine" Ich fallen lassen, sich mit den anderen harmonisieren, sich der kosmischen Energie anschließen.

Die Fahne bewegt sich

Meister Konin, Lehrer des berühmten Patriarchen Hui-Neng (Eno), bemerkte eines Tages: „Die Fahne bewegt sich."

Einer seiner Schüler wiederholte: „Ja, die Fahne bewegt sich." Ein anderer versetzte: „Nein, nicht die Fahne bewegt sich, sondern der Wind."

Hui-Neng, der sehr intelligent war, warf ein: „Nein, weder die Fahne noch der Wind, sondern unser Geist bewegt sich. Diese Bemerkung beeindruckte Konin sehr.

Doch als letztes griff eine recht gewitzte Nonne, die zufällig anwesend war, in die Unterhaltung ein und sagte:

„Weder die Fahne noch der Wind, noch unser Geist ist es. Ihr könnt nicht verstehen. Auch das Bewußtsein ist unbeweglich. Was ist das wohl? Ihr seid doch alle sehr einfältig. Was ist das also? Ein *koan*!" Und alle, auch der Meister, waren erschüttert.

Der Friede des Weisen

Der Weise ist über seine individuellen Eigenheiten hinausgegangen und vor sich selbst wie tot. Nichts kann seinen Blick trüben. Nicht einmal ein Staubkorn kann sich an seine Schritte heften.

Das Wasser ist klar und durchsichtig. Es hat weder Vorder- noch Rückseite. Am Himmel gibt es weder Eingang noch Ausgang.

Erscheinungswelt und *ku* sind nicht verschieden. Weisheit ist unabhängig von der Umgebung.

*

Wenn sich eine Welle erhebt, folgen andere nach. Gerät unser Bewußtsein einmal in Bewegung, tauchen viele Gedanken auf. Ist unser Geist ruhig, dann ist alles um uns herum ruhig.

Die moderne Erziehung basiert auf der Rede, die Zenerziehung auf der Stille. Mit der Zeit werden die Worte in einer Diskussion steril. Wenn wir dem Hin- und Herreden ein Ende bereiten wollen, müssen wir die – guten wie schlechten – Bewegungen unseres Bewußtseins anhalten. Erregen wir unseren Körper nicht! Sparen wir uns die Gedanken! Der wahre Mensch, der Mensch, der sein eigenes Wesen vollkommen versteht, zweifelt nicht an anderen. Er versteht auch ihren Geist, und er diskutiert nicht.

Beim Betrachten des Ozeans sehen einige Leute nur die Wellen an der Oberfläche, andere bedenken nur das Wasser – ohne die Wellen. Wasser und Wellen sind jedoch nicht zu trennen.

Unser Geist ist wie dieser große Ozean. Beim Zazen unbeweglich.

Alles verändert sich und ist unbeständig.

Die Stille ist der Beredtsamkeit überlegen.

Die Aktivität (ki)

Was ist *ki*? Das ist nicht allein die Lebenskraft im gängigen Sinn des Wortes noch Energie im strengen Sinn, sondern die Aktivität, die letztlich geistige Form annimmt.

Ki ist gekennzeichnet durch Bewegung, Konzentration und Antriebskraft oder Elan. Wenn diese drei Eigenschaften vereint sind, wird das Wesen schöpferisch. *Ki* strebt ständig danach, hervorzusprudeln, anzutreiben, in Bewegung zu setzen. Das ist die ureigene Tätigkeit des Geistes.

Ki zeigt sich gleichzeitig als innere Kraft und als Reaktionsvermögen auf äußere Reize. Es bedingt die Anpassung an die Umwelt durch Gewöhnung. Die Menschen im Westen mögen nicht, was sich wiederholt, wo doch gerade die Wiederholung das tiefe Unbewußte mobilisiert. Wenn unser *ki* stark ist, ist unser Leben lang, voll rechter Spannung und energiegeladen. Durch die Zazenübung kann man sein *ki* entwickeln: sein Ich aufgeben, sich selbst aufgeben, das heißt die wahre Kraft des Universums finden.

Ich habe einmal mit einem bekannten Biologen über Probleme der Religion und der Wissenschaft gesprochen. Er sagte mir, er könne nicht an die Philosophie oder das Leben des Geistes glauben, wenn es nicht durch eine

Wissenschaft wie die Chemie erklärt und bewiesen sei.

Ich denke, diese Haltung ist gefährlich. Der Mensch wird im täglichen Leben ständig durch zahlreiche Hindernisse und vielfältige Widerstände des Geistes aufgehalten. Das äußert sich sein ganzes Leben hindurch in tiefem Leiden, das indessen durch Wissenschaft und Technik nicht gelöst werden kann. Der Wissenschaftler leugnet im allgemeinen alles, was nicht wissenschaftlich bewiesen ist. Zum Beispiel sagt er, der Geist sei Information. Ich für meinen Teil glaube, daß der Geist die ursprüngliche Quelle des Lebens, der Aktivität und der Spannkraft (*ki*) ist. Wer von uns beiden hat den wissenschaftlicheren Geist? Im Zen sind die alten Meister durch die Erfahrung, ohne die Hilfe der Wissenschaft, zu vielen Wahrheiten gelangt, und heute beginnt die Wissenschaft, mit ihren Methoden die tiefsten Intuitionen jener Meister voll und ganz zu bestätigen.

Die Zivilisationsformen der heutigen Zeit führen zu einer Abnahme der jedem Körper eigenen Spannkraft, indem sie einen künstlichen Lebensstil anpreisen, chemische Lebensmittel, überheizte Wohnräume, synthetische Kleidung und sogar Fortbewegungsmöglichkeiten, die keinerlei Anstrengung mehr erfordern. Darin liegt eine sehr große Gefahr, denn alle diese Künstlichkeiten hemmen die Entwicklung des Menschen und lassen ihn aus der Aktivität in die Passivität zurücksinken.

Wahre geistige Hilfe bedeutet, den Menschen Spannkraft zu geben. Daß ein einzelner Mensch in der Lage sein soll, diese allen anderen zu geben, erscheint sehr wohl schwierig. Tatsächlich ist aber der ganze Kosmos voll von dieser Kraft, und unser eigenes Leben ist nur eine Welle im unendlichen kosmischen Leben.

Eine Bewegung unseres Geistes ist in sich Bewegung unseres Lebens.

Der Geist ist veränderlich, er schafft selbst Raum und Zeit.

Unser Geist ist das Prinzip der Schöpfung, er läßt unser Leben zum Ewigen und Unendlichen hin sich entwickeln. Weil der Mensch sich an den irdischen Freuden nicht befriedigen kann, will er aus seinem tiefsten Wesen heraus seine kosmische Funktion erfüllen.

Auf Schloß Elmau
(Ph.: D. Hinrichs)

Die Geschichte von der Kuchenverkäuferin

Meister Tokusan besuchte Meister Ryutan. An der Pforte des Tempels – Ryutan bedeutet ‘Großer Drachen in tiefen See’ – verkaufte eine alte Frau Kuchen.

„Ich wünsche Meister Ryutan zu sehen, könnt Ihr mich zu ihm führen?“ fragte er.

„Was für ein Buch tragt Ihr da unter dem Arm?“

„Das ist das Diamantsutra, ich habe es übersetzt.“

„Ah, das trifft sich gut. Ich habe schon seit meiner Jugend viele Bücher gelesen, sie aber nicht alle verstanden. Könntet Ihr mir eine Frage beantworten?“

„Ja, das kann ich.“

„In Eurem Sutra steht doch wohl: ‘Man kann weder den Geist der Vergangenheit verstehen noch den der Gegenwart, noch den der Zukunft.’ Wenn Ihr, Meister, Reiskuchen eßt, mit welchem Geist eßt Ihr ihn?“

Meister Tokusan war vollkommen ratlos.

„Ich kann nicht antworten. Wer hat euch denn so tiefgründig unterrichtet?“

„Wenn Ihr nicht versteht, müßt Ihr in den Tempel eines großen Meisters wie Ryutan gehen.“

Und das tat er auch. Zwischen den beiden Meistern gab es eine sehr straffe Diskussion. In Diskussionen dieser Art zerplatzen alle persönlichen Meinungen.

Tokusan wurde ein großer Schüler.

Zen und die Gesundheit

Das Leben des Körpers und das des Geistes werden im Japanischen mit den Worten *sei* und *mei* bezeichnet. *Sei-mei* bedeutet 'das Ganze'; es beschreibt das Leben in all seinen Aspekten. Wenn die Ärzte die Einheit *sei-mei* ignorieren und nur den Körper in Betracht ziehen, nur ihn abhorchen, können sie den Kranken nicht wirklich heilen. In Gesundheit wie Krankheit sind Körper und Geist immer vereint und durchdringen sich gegenseitig. In Japan heißen die Krankheiten „*sei-mei*-Krankheiten". Diese Sicht stimmt mit der traditionellen Medizin des Ostens überein. In dieser konzentrieren sich die Ärzte auf *sei-mei*, horchen es ab, untersuchen es – sie berücksichtigen die Gesamtheit Körper-Geist. Es genügt ihnen manchmal, den Patienten nur zu betrachten und sein Gesicht zu untersuchen: die Augen, die Hautfarbe und die Färbung der Stimme liefern ihrer geschärften Intuition einen genauen Steckbrief.

Wenn ich beim Zazen hinter euch sitze, unterscheide ich sehr gut, was bei Einzelnen nicht stimmt. Die Krankheiten, und besonders die schweren, entstehen aus tiefsitzender Müdigkeit nicht nur des Körpers, sondern auch des Geistes, das heißt der Gesamtheit *sei-mei*. Wenn man zum Beispiel viel läuft oder wenig schläft: solange nur der Körper ermüdet, wird man nicht krank. Schlaf gleicht dies schnell wieder aus. Wenn der Geist friedlich und klar ist, will man arbeiten, handeln, teilnehmen – der Körper folgt, und es entsehen keine Krankheiten. Wenn dagegen der Geist erregt, ängstlich, verkompliziert, der Mensch gespalten ist, dann erschöpft er sich und ermüdet bis ins Allerinnerste. Dann kann er wirklich sehr krank werden.

Wie kann man ein starkes *sei-mei* erhalten? Yoga, Wandern, das Tätigsein überhaupt, die dem Rhythmus der Jahreszeiten angepaßte, natürliche Lebensweise und gesunde, einfache Ernährung wirken in diese Richtung. Ich glaube, der einfachste, tiefste und gründlichste Weg, ein starkes *sei-mei* zu haben, ist der, Zazen zu üben. Während ihr Zazen übt, wird euer Körper warm, eure Augen verändern sich und erscheinen danach leuchtend, tief und ruhig. Euer Gesicht ist ausgeruht, euer Teint hellt sich auf, und ihr fühlt in euch starke Energie.

Unser Körper und unser Geist existieren ewig. Beide sind *ku*, also NICHTS, und dieses Nichts ist ALLES, also das Universum. Erhaltet ein starkes *sei-mei*, indem ihr euch mit dem Universum verbindet. Euer Leben füllt sich mit Feuer, Aktivität und tiefem Sinn.

Der Samurai und die drei Katzen

Ein *samurai* hatte viel Kummer mit einer Maus, die sich in seinem Zimmer häuslich eingerichtet hatte. Jemand riet ihm: „Du brauchst eine Katze." Also suchte er in der Nachbarschaft und fand eine schöne, starke und sehr eindrucksvolle Katze. Doch die Maus erwies sich als schlauer, denn sie war schneller und machte sich über die Kraft der Katze nur lustig. Der *samurai* holte sich eine andere, durchtriebene und hinterlistige Katze. Doch die Maus war auf der Hut und zeigte sich nicht mehr, außer wenn die Katze schlief.

Also brachte man dem *samurai* eine dritte Katze – aus einem Zentempel. Sie schien zerstreut, mittelmäßig, gewöhnlich und alltäglich und schlief den ganzen Tag.

Der *samurai* dachte: „Die wird mich sicher nicht von der Maus befreien!" Und die Katze, immer schläfrig, ruhig und gleichgültig wie sie war, flößte der kleinen Maus bald keine Furcht mehr ein. Diese lief ohne jede Vorsicht ganz nah an ihr vorbei, hin und her. Und eines Tages wurde sie aus dem Nichts heraus mit einem kurzen Pfotenhieb gefangen.

Genauso gewöhnlich und alltäglich ist der Zenmönch.

Zen und das Leiden

Zen ist das Leiden, es taucht mitten in das Leiden hinein. Der Mensch von heute möchte sich dem Leiden entziehen, deshalb wird er schwach, wehr- und schutzlos gegenüber dem Streß des modernen Lebens.

Zen rät weder, vor dem, was vielleicht schwer zu ertragen ist, zu fliehen, noch danach zu suchen. Zen ist vielmehr die Rückkehr zum normalen Zustand von Körper und Geist des Menschen. Die Energie vermehrt sich, man erreicht die Wachsamkeit und richtige Geisteshaltung, die den Dingen genau den Platz anweist, der ihnen tatsächlich zukommt, während sie sonst durch die Einbildungskraft wesentlich überschätzt werden. Der Hinweis auf die Gleichung Leben–Tod ist im Zen immer vorhanden. Sie bringt in den Alltag einen wachen Geist und große körperliche und moralische Kraft.

An der Tokyo-Universität führte Professor Kasamatsu Versuche und Studien durch, deren Resultate 1971 in der *Revue Scientifique Internationale* veröffentlicht wurden. In Paris, im Forschungslabor des St. Anna-Hospitals, brachten Versuche mit dem Elektroenzephalogramm (EEG) identische Ergebnisse. Das EEG beschreibt einen ganz bestimmten Alpharhythmus, der während der ganzen Zazenübung andauert. Dies verweist auf einen Zustand breit gestreuter Aufmerksamkeit, die dann eintritt, wenn die Hirnrinde vollkommen entspannt ist. Die Veränderungen des EEG an der Handfläche zeigen eine Erhöhung und gleichzeitige Regulierung der Funktionstätigkeit des neurovegetativen Systems, die mit der Aktivität subkortikaler Tiefenstrukturen in Verbindung steht. Wenn die Hirnrinde in Ruhe ist, ist der Hirnstamm aktiv. Während der Zazenübung bringt die erhöhte Blutzufuhr mehr Sauerstoff in das Gewebe, die Tätigkeit des autonomen Nervensystems ist vermehrt, Noradrenalin wird im Überfluß abgesondert, was wiederum die Produktion von Milchsäure hemmt und einen Zustand der Ruhe und Entspannung fördert. (Bekanntlich produzieren ängstliche und nervöse Menschen viel mehr Milchsäure als normal.) Das Ergebnis ist ein Zustand völligen Wachseins bei gleichzeitiger Verringerung des Grundumsatzes.

Beim Zazen ist es nicht nötig, häufig zu atmen – die Atmung verlängert sich allmählich. Mit fortschreitender Übung benötigt man nur noch zwei oder drei Atemzüge pro Minute.

Die Atemtechnik ist ein wichtiger Faktor in der Entwicklung der Energie. Anfangs ist die Haltung schmerzhaft, man hat Schmerzen in den Knien und Knöcheln. Doch durch ständiges Training mildert sich dieses mehr oder minder starke Leiden. Man erwirbt Widerstandskraft, Ausdauer, Geduld – und insbesondere erlernt man diese auf langes Ausatmen gerichtete Atmung. Der Schwerpunkt verlagert sich aus den oberen Partien des Körpers zum Unterbauch hin, und dort entwickelt sich dann die Energie, die Kraft, die Festigkeit und die Widerstandsfähigkeit der Haltung und des ganzen Körpers. Die Atmung bewirkt dabei eine natürliche Massage der inneren Organe. Bald bemerkt man auch, wie beim Ausatmen jeder Schmerz abnimmt.

Wenn man hieran gewöhnt ist, können auch im täglichen Leben Schmerzen durch langes Ausatmen sehr wirksam gemeistert werden. Doch man muß daran gewöhnt sein, um automatisch darauf zurückgreifen zu können. Eine Tatsache, die dies unterstreicht, ist etwa die leichte Entbindung bei jungen Frauen, die an diese tiefe Atmung gewöhnt sind. Die Entbindung verläuft ohne Schwierigkeiten und ohne Angst, und das Baby ist sehr ruhig. Wir haben in den vergangenen sechs Jahren im *dojo* schon viele solche Fälle beobachten können. Die meisten Frauen setzen die Zazenübung bis zum Tag der Entbindung fort. Das Zazen-Training ist zunächst das Akzeptieren des Leiden, dann die Verringerung und endlich das Verschwinden des Leidens.

Was ist die Ursache des Leidens? Sicher, es kann ein krankes Organ sein, eine Zerrung oder eine Entzündung. Doch die Wahrnehmung des Leidens ist geistiger Art. Von dem Moment an, wo man den Geist zu beruhigen versteht, indem man die Gedanken vorbeiziehen läßt und sich auf die Haltung und die Atmung konzentriert, wird der Geist friedlich, und der Schmerz nimmt ab.

Im Zazen-Training übt man, den Schmerz zu akzeptieren. Im allgemeinen will man sich schmerzhaften Dingen entziehen. Der Anfänger spürt beim Zazen Schmerzen, mal wenig, mal mittelmäßig, mal sehr stark. Sogar mit einiger Erfahrung melden sich manchmal noch Schmerzen. Doch man steht nicht auf, man setzt sich darüber hinweg, denkt nicht daran, sodaß dies eine feste Gewohnheit wird, ein Training der Bemühung – durch die Praxis und in der Praxis. Angriffen der Außenwelt oder plötzlich auftretendem inneren Unbehagen widersteht man, unbewußt, allmählich immer besser. Man nimmt das nicht mehr ganz so wichtig.

Das heißt nun sicherlich nicht, daß man, wenn man Zazen übt, ein Krankheitszeichen (welcher Art auch immer) nicht mehr zu beachten bräuchte, oder nicht mehr in der Lage sein müßte, sich zu pflegen. Im Gegenteil, man entwickelt gleichzeitig eine feinere Empfindung, eine schärfere Intuition, und man kann daher bei der Wahrnehmung einer Unstimmigkeit schneller in Alarmbereitschaft sein. Doch man leidet nicht mehr als notwendig, und wenn so sagen will, gibt es dann keine Dramatisierung des Schmerzes und keine falsche Sentimentalität mehr.

Man kann noch eine weitere Beobachtung machen: man fühlt starken Schmerz nicht gleichzeitig an zwei Punkten. Im *dojo* kann man sich also entspannen und entkrampfen, indem man um das *kyosaku* bittet. Der kurze Schlag auf die Schulter verlagert die Schmerzempfindung und entspannt das Nervensystem.

Das Leiden wird durch den sich unablässig wälzenden Geist genährt, unterhalten und gesteigert. Leiden – das heißt immer, daran zu denken, daß man leidet. Und schon leidet man noch mehr. Alles, was wir in die Tiefe unseres Wesens verdrängt und vergessen haben, kann plötzlich durch einen Schock oder durch Umweltreize wieder erwachen. Es kehrt zurück und wird Leiden, oder es vermehrt automatisch eine kleine Verwundung der Eigenliebe, wie sie das Leben zwangsläufig hervorruft, in beträchtlicher, manchmal völlig unerträglicher Weise. Beim Zazen ist das bewußte Denken praktisch angehalten, es wird nicht genährt, das Bewußtsein wird friedlich, ruhig und aufnahmefähig. So wird durch die sehr starke Haltung, die Atmosphäre im *dojo*, die Unterweisung des Meisters und die tiefe Atmung ein Klima geschaffen, in dem man weder denkt noch leidet. Man lebt in den Tiefen seiner selbst, dort wo alles Ruhe, absolute Leerheit ist. Man schneidet die Wurzeln des Leidens ab.

Und der Meister wiederholt immer wieder: „Ihr müßt werden wie der Tote im Sarg." Durch diese Erziehung nehmen die Dinge wieder den ihnen zustehenden, relativen Platz ein. Beim Zazen ist die Atmosphäre, der sich der Meister beim Unterrichten aussetzt, wie die Zeit des Todes, wie der Augenblick des Sterbens.

Angesichts des Todes ist nichts so besonders wichtig.

Der alte tote Baum inmitten der Berge

Der alte tote Baum inmitten der Berge
Streckt seinen Körper
Über den Abgrund.
Vom Wind geglättet,
Vom Regen gewaschen,
Durch Stürme entblößt,
Hat er zehntausend Winter durchquert.
Allein die Essenz des Baumes hat Bestand.
Auch wenn wir ihn mit der Axt angreifen,
Finden wir nicht seine Essenz.
Er ist prächtig.
Ohne Blüten, ohne Blätter, ohne Zweige,
Ohne Rinde, ohne Saft.
Er ist vollkommen trocken, er hat die Essenz
Seiner weltlichen Erfahrung angesammelt.

*

Das Zendojo heißt auch: Dojo der Toten Bäume.
Was bedeutet das?
Alles anhalten, jede Art bewußten Denkens aufgeben,
Ohne Ziel, ohne den Wunsch,
Buddha oder Gott zu werden,
Ohne gut noch schlecht.

Zazen ist der tote Baum.
Zazen ist weder eine Technik des Wohlbefindens
Noch sozialer Aufstieg,
Es geht darüber hinaus, weit darüber hinaus.
Es erhebt sich über die Wolken wie der Gipfel des Berges.
Das Leben des Menschen ist wie ein Ozean,
Bewegt von den Wellen.
Es gibt kleine Wellen und große Wogen,
Und manche umfassen die mächtigen Klippen.
Die Menschen am Strand
Sehen nur das Herannahen und Zurückströmen
Der Wellen.
Sie sehen nicht den großen Ozean.

*

Nach dem Zwitschern der Vögel
Ist der Berg noch stiller.
Die alte, ewige Wahrheit in all ihrer Frische
Hier und jetzt erschaffen, üben, ausprobieren,
Derart ist der Geist des Zen.

DAS KOAN

Den reinen Wind, den vollen Mond
Kann man nicht zeichnen.

Das andere Ufer erreichen

Zen ist immer widersprüchlich. Es begnügt sich nicht mit der allgemein üblichen Sicht der Dinge. Es lenkt den Blick auf ihr verborgenes Gesicht, auf die „andere Wirklichkeit", die nicht direkt erscheint und die man nicht durch das bloße Denken erfassen kann. Dafür benutzt es ein recht charakteristisches Verfahren, das *koan*. Der ursprüngliche Sinn des Wortes ist „Gesetz, Regierungserlaß" (von *ko*: 'der Regierung zugehörig', *an*: 'Gesetz, Regel'). *Koan* bedeutet also: Prinzip, ursprüngliche Richtschnur, absolutes, unveränderbares Gesetz der Rechtsprechung. Das *koan* ist ein Mittel zur Erziehung des Schülers, ein Mittel, um ihn dieses absolute Prinzip erlangen zu lassen, sein Bewußtsein anzuregen, sich einer neuen Dimension zu öffnen. Ein *koan* kann dem ‚gesunden Menschenverstand" absurd erscheinen, doch mit der tiefinnerlichen Erfahrung versteht man es und begreift seine allumfassende Essenz.

Speziell die Rinzai-Schule hat die Übung des *koan* entwickelt. Die Soto-Mönche haben die Rinzai-*koan* kritisiert, und umgekehrt. In Wahrheit sind aber die großen Meister grundsätzlich einer Ansicht, sie haben das gleiche Verständnis der Dinge, und ihr WEG ist derselbe.

Die Soto-Schule schließt ihrerseits den Rückgriff auf

das *koan* nicht aus. Es kommt vor, daß der Meister beim Zazen oder danach in der Gruppe ein *koan* gibt. Manchmal stellt der Schüler eine Frage, und die Antwort des Meisters stellt ein *koan* dar. Zum Beispiel könnte er auf die Frage: „Gibt es eine Seele?" antworten: „Die Seele wandelt sich ständig." Die Antwort wird zu einem *koan*, denn sie veranlaßt den Schüler, darüber nachzudenken und die Antwort selbst zu finden.

Das *koan* ist nicht notwendig an ein poetisches Bild gebunden. In jedem Augenblick stellt uns der Alltag *koan*, die wir lösen müssen, indem wir jedesmal eine neue Lösung schaffen und recht oft tief in uns gehen müssen. Man muß lernen können, „weder nachzugeben noch zu zögern". Oft benutzt der Soto-Zen-Meister alltägliche Umstände aus dem Leben eines jeden von uns, um pausenlos zu erziehen, um uns die tiefen Schichten entdecken zu lassen, welche die Intelligenz mit ihren geläufigen logischen Schlüssen nicht erreicht, um die Wahrheit des Zen weiterzugeben. Dies geschieht auf ganz natürliche Weise. Mein Meister benutzte oft anstelle poetischer Bilder solche, die aus gewöhnlichen Umständen herausgegriffen und daher sehr tiefgründig waren.

Täuschen wir uns nicht! Die *koan*-Methode erfordert das gleiche Training und die gleiche Konzentration wie die Kunst, den Bogen zu spannen und den Pfeil im richtigen Moment losschnellen zu lassen! Genauso wie man am Rande der Leerheit auf seinen Willen verzichten muß. Entschieden und mutig in den Abgrund tauchen, sich dem Tod aussetzen, um besser das Leben zu finden. Das *koan* bezieht sich auf den tiefen Bewußtseinszustand, zu dem man beim Zazen gelangt. Man darf nicht auf es (im geläufigen Sinn des Wortes) meditieren, oder sich über das Gedächtnis an es erinnern. Man muß es in das Unterbewußte eindringen lassen. Wenn der Augenblick gekommen ist, taucht es wieder auf und trägt den Geist plötzlich in einen Zustand des Sehens, den er durch eine Reihe bewußter Handlungen nicht hätte erreichen können. Man darf aus dem *koan* keinen intellektuellen Begriff machen, sondern muß es mit dem Körper denken, mit allen Zellen, bis es zum *satori*-Bewußtsein wird. Man kann es nur und ausschließlich intuitiv verstehen. Ein *koan* ist in seinem Wesen der Geist, der weitergegeben und übertragen wird durch den Geist (*i shin den shin*).

Wenn man ein *koan* analysiert und es zu erklären versucht, wird es ein Bewußtseinsobjekt. Das gleiche gilt für Bücher: welchen Wert sie auch haben mögen, sie vermitteln nicht eigentlich die Essenz der Weisheit, selbst wenn sie mit dem Geist Buddhas oder Christi beseelt sind. Man kann die Essenz der Weisheit finden – durch die Konzentration auf die allgegenwärtige, reine und stille Leerheit, *ku*, in der alles Wahrheit ist.

Von Geist zu Geist

Die Essenz der Religionen kann nicht umschrieben werden. Die Texte werden verbreitet, aber sie sind nur die Blätter des Baumes, und allein an die Wurzel muß man gelangen. Die wahrhafte Essenz kann nur von Geist zu Geist, von meiner Seele zu deiner Seele, *i shin den shin*, weitergegeben werden. In Europa habe ich lange nur dieses eine *koan* benutzt. Die seither zitierten habe ich von meinem Meister. Sie sind im allgemeinen sehr einfach, aber manchmal auch sehr poetisch. Hier einige davon, mit jeweils einem kurzen Kommentar, der ein schwaches Licht auf ihre tiefe Bedeutung wirft, eine Bedeutung, die euch dann durchdringt und zu einem Teil eurer selbst wird, so wie eine Handvoll Blumen die ganze Kleidung in ihren Duft hüllt.

Die Mittagssonne wirft keinen Schatten.

Man kann Zen nicht mit dem Intellekt verstehen.

Kalt, warm: Ihr müßt es selbst ausprobieren.

Üben, ausprobieren.

Die Kurve kann die gerade Linie nicht in sich schließen.

Die Haltung ist wichtig.

Tiefe Quelle, langer Strom.

Das Verständnis wird durch Zazen immer tiefer.

Große Weisheit ist wie Dummheit.
Große Beredtsamkeit ist ein Lallen.

Es ist nutzlos, sich hervorzutun.

Eine einzelne Hand – kein Geräusch.

Die Gegensätze vereinen.

Das Ich erobern, den Leuten folgen.

Wenn man das Ich aufgibt,
gibt es keine Trennung mehr.

Zen und Tee – gleicher Geschmack.

Ruhe, Konzentration.

Das kyosaku *tanzt im Frühlingswind.*

Erziehung in Freiheit.

Der Bambus existiert oberhalb und unterhalb seiner Knoten.

Zen ist keine Sackgasse.

Der schnelle Strom spült den Mond nicht weg.

Die kosmische Ordnung ist immer da.

Tag für Tag – guter Tag.

Der Geist, immer zufrieden, heute.

Der Wind hat nachgelassen, doch die Blüten fallen noch.

Die Erscheinungen, die Illusionen sind in der Ruhe enthalten.

Die Farbe der Kiefern
ist weder modern noch altmodisch.

Die Natur folgt keiner Mode.

Die Uhrzeit betrachtet mich,
und ich betrachte die Uhrzeit.

In den japanischen Tempeln wird die Uhrzeit sehr genau geläutet.

Das leuchtende Licht hat keine Rückseite.

Das SELBST ist jenseits des Schattens.

Die weißen Wolken enthalten die blauen Berge.

Das ist die Essenz des Zen.

Durch SITZEN – abschneiden.

Verstehen ist leichter als üben.

Tee bereiten und wieder gehen.

Mushotoku.

Der Mensch betrachtet die Blume,
die Blume lächelt.

Zen ist jenseits des Verstandes, des Objektiven und des Subjektiven.

Der Esel betrachtet den Brunnen,
der Brunnen betrachtet den Esel.
Nicht fliehen.

Wie beim Zazen, nicht bewegen, den Einfluß der Umgebung nicht erdulden, sondern in Harmonie bleiben.

Auf dem zafu *niemand, unter dem* zafu *kein Boden.*

Zazen.

Das weiße Pferd durchdringt die Blüten des Schilfrohrs.

Ich werde du, und du wirst ich.
Buddha durchdringt mich,
ich dringe ein in Buddha.
Das Ich und das kosmische ICH werden eins.
Ich durchdringe die anderen, die anderen durchdringen mich.

Der Mensch betrachtet den Spiegel,
der Spiegel betrachtet den Menschen.

Das Objektive betrachtet das Subjektive.

Um die Mitte der letzten Nacht — der wunderbare Mond am Fenster.

Das kosmische Leben kommt mich besuchen und dringt beim Zazen in mich ein.

Wenn Choko Sake trinkt, ist Ryoko besoffen.

Gegenseitige Abhängigkeit der Wesen und Erscheinungen.

Allein im Zentrum des Kosmos in Meditation.

Es ist nutzlos, sich zu fragen, wo das Zentrum des Universums liege. Dort, wo man hier und jetzt SITZT: das ist das Zentrum des Kosmos.

Im dojo *im Gebirge sitze ich in Versenkung; alles ist ruhig. Die Nacht ist ohne Laut, wenn ich mich hinsetze zum Zazen. Das tiefe Gebirge, die Nacht, eine kleine Einsiedelei.*
Das dojo*: der reine, aufrechte Geist.*

Schwierigkeiten formen und reinigen den Charakter.

Sorgfältig kauen heißt: es ist unmöglich, Hunger zu haben.

Man schöpft den Saft der Dinge aus.

Zwei Spiegel beleuchten sich gegenseitig.

Von Geist zu Geist.

Allein der Haß wählt aus.

Trennung, Unterscheidung.

Tausend Dinge sind am Ende eines.

Alles geht zum Einen zurück.

Eine Stille, ein Donner.

Abwechslung.

Eins gewonnen, eins verloren.

Das Gesetz des Lebens.

In der Hand der leuchtende Stein.

Man kann alles selbst entdecken.

Armes Haus, reicher WEG.

Einfaches Leben, tiefes Herz.

Augen waagerecht, Nase senkrecht.

Die Ordnung der Dinge.

Grüne Weiden, rote Blumen.

Der normale Zustand.

Die Lebenden sind im Leichenwagen,
die Toten geben das Geleit.

Die Toten leben, die Lebenden sind wie Tote.

Hier ohne Angst, das ganze Leben ohne Angst.

Jetzt glücklich, immer glücklich. Das Leben ist ein „Hier und Jetzt" nach dem anderen.

Der Berg Oro ist nur ein Berg.
Der See Shi'eki ist nur Wasser.

Der berühmte Ort ist ein gewöhnlicher Ort. Wenn man einmal hingeht, versteht man. Das wahre transzendentale Bewußtsein ist der normale Zustand.

Ein Kreis — der schöne leuchtende Mond scheint auf den Zen-Geist.

Der Kreis: das GANZE.

Auf dem Berg Sokei gibt es keine Spuren.

Nachdem er die Essenz des Zen an Hui-Neng weitergegeben hatte, flüchtete Meister Konin in die Berge. Wahre Intelligenz hinterläßt keine Spuren. Wir müssen unsere Intelligenz aufgeben.

Ein anderer Sinn des *koan* ist der:

Wir dürfen kein Zeichen von *satori* zeigen. Die wahre große Persönlichkeit weiß nicht, daß sie es ist. Am Ende müßt ihr werden wie Esel: keine Spuren auf dem Berg Sokei.

Freier Geist, freie Umgebung.

Wenn euer Geist frei ist,
ist alles um euch herum frei.

Und hier einige Zen-Redensarten:

Im Winter einen Fächer schenken.

Nicht hier und jetzt konzentriert sein.

Zorn wird Teufel, Lachen wird Buddha.

Fundamente verfallen, Flüsse trocknen ein.

Ein Korn Reis, ein Tropfen Schweiß.

Ein Tag ohne Arbeit ist ein Tag ohne Essen.

*Die Ärzte kümmern sich nicht mehr um ihre Gesundheit,
die Mönche verlieren den Glauben.*

Das Wesen jeder Tätigkeit.

Eines richtig gelernt – alles richtig verstanden.

Lange Diskussionen lösen selbst Gold auf.

TRADITIONELLE TEXTE

魔来打魔
佛来打佛

Wenn der Dämon kommt, gib ihm Stockschläge.
Wenn der Buddha kommt, gib ihm Stockschläge.

HANNYA SHINGYO

(*Makahannya Haramita Shingyo*, im Sanskrit *Maha Prajna Paramita Hridaya Sutra, „Herz der vollkommenen Weisheit"*, die Essenz einer sehr ausgearbeiteten, 600 Bücher umfassenden Sutrasammlung.)

maka hannya haramita shingyo
kan ji zai bo satsu gyo jin han nya ha ra mi ta ji sho ken go on kai ku do is sai ku yaku sha ri shi shiki fu i ku ku fu i shiki shiki soku ze ku ku soku ze shiki ju so gyo shiki yaku bu nyo ze sha ri shi ze sho ho ku so fu sho fu metsu fu ku fu jo fu zo fu gen ze ko ku chu mu shiki mu ju so gyo shiki mu gen ni bi ze shin i mu shiki sho ko mi soku ho mu gen kai nai shi mu i shiki kai mu mu myo yaku mu mu myo jin nai shi mu ro shi yaku mu ro shi jin mu ku shu metsu do mu chi yaku mu toku i mu sho toku ko bo dai sat ta e han nya ha ra mi ta ko shin mu kei ge mu kei ge ko mu u ku fu on ri is sai ten do mu so ku kyo ne han san ze sho butsu e han nya ha ra mi ta ko toku a noku ta ra san myaku sam bo dai ko chi han nya ha ra mi ta ze dai jin shu ze dai myo shu ze mu jo shu ze mu to do shu no jo is sai ku shin jitsu fu ko ko setsu han nya ha ra mi ta shu soku setsu shu watsu gya tei gya tei ha ra gya tei hara so gya tei bo ji so wa ka han nya shin gyo.

HANNYA SHINGYO

Essenz des Sutras der Großen Weisheit,
das es ermöglicht, darüber hinaus zu gehen

Avalokitesvara, der Bodhisattva der Großen Freiheit, übt sich tief und gründlich in der Großen Weisheit und versteht so, daß der Körper mit den fünf *skandhas* (Empfindung, Wahrnehmung, Denken, Wollen und Handeln, Bewußtsein) nur Leerheit, *ku* ist, und durch diese Erkenntnis hilft er allen, die leiden.

O Sariputra, die Erscheinungen sind nicht verschieden von *ku*, und *ku* ist nicht verschieden von den Erscheinungen. Die Erscheinungen werden *ku*, *ku* wird Erscheinung (Form ist Leerheit, Leerheit ist Form. . .), und auch die fünf *skandhas* sind Erscheinungen.

O Sariputra, alle Existenz ist in ihrem Wesen *ku*, es gibt in ihr weder Geburt noch Vergehen, weder Reinheit noch Beschmutzung, weder Zunahme noch Abnahme.

Daher gibt es in *ku* keine Form und keine *skandhas*, nicht Augen noch Ohren, noch Nase, Zunge, Körper oder Bewußtsein; keine Farben, Töne, Gerüche, keinen Geschmack, nichts zu tasten, nichts zu denken; dort gibt es weder Wissen noch Unwissenheit, weder Täuschung noch Beendigung der Täuschung; kein Altern, kein Tod, noch Beendigung von Altern und Tod; keine Ursache des Leidens, keine Beendigung des Leidens; es gibt dort weder Erkenntnis noch Gewinn, noch Nicht-Gewinn.

Dank dieser Weisheit, die darüber hinaus führt, gibt es für den Bodhisattva weder Angst noch Furcht. Alle Täuschungen und jegliches Haften und Festhalten sind beseitigt, und er kann das höchste Ziel des Lebens, das *nirvana*, erreichen.

Alle Buddhas der Vergangenheit, Gegenwart und Zukunft können das *satori*, das Verständnis dieser Höchsten Weisheit, die vom Leiden befreit, erlangen – durch diesen unvergleichlichen, unübertroffenen Zauber des Mantra, welches alles Leiden beseitigt und die eigentliche REALITÄT, das wahre *ku* zu finden ermöglicht:

gya tei gya tei ha ra gya tei
hara so gya tei bo ji so wa ka

Laßt uns darüber hinaus gehen, alle zusammen, darüber hinaus und noch jenseits des Darüber-Hinaus, auf den Weg des *satori*, der Weisheit des Buddha!

SHIN JIN MEI

Gedicht vom Glauben an Zazen
von Meister Sosan[1]

1

Es ist nicht schwer, den WEG zu durchdringen,
Doch man muß frei sein von Liebe und Haß,
Von Neigung und Abneigung.

2

Es genügt, frei zu sein von Liebe und Haß,
Damit die Einsicht sich zeigt,
Unvermittelt klar,
Wie das Licht des Tages in einer Höhle.

[1] Die vollständige Ausgabe des SHIN JIN MEI mit ausführlichen Kommentaren von Meister Taisen Deshimaru ist im gleichen Verlag erschienen.

3

Doch entsteht im Geist eine Eigentümlichkeit
Auch nur so winzig wie ein Staubteilchen:
Sogleich trennt unendliche Entfernung
Himmel und Erde.

4

Wenn wir das Satori
Hier und jetzt verwirklichen,
Darf keine Vorstellung
Von Richtig und Falsch
In unseren Geist mehr eindringen.

5

Der Kampf in unserem Bewußtsein
Zwischen Richtig und Falsch
Führt zur Krankheit des Geistes.

6

Gelingt es uns nicht,
In die Quelle der Dinge einzudringen,
Wird sich unser Geist
Vergeblich erschöpfen.

7

Der WEG ist rund, friedlich und breit,
Wie der unermeßliche Kosmos,
Vollkommen,
Ohne die geringste Vorstellung
Von Beharren oder Zerbrechen.

8

Wahrlich,
So wir ergreifen oder zurückweisen wollen,
Sind wir nicht frei.

9

Lauft nicht den Erscheinungsformen nach,
Und verweilt auch nicht in der Leerheit (Ku).

10

Wenn unser Geist die Ruhe findet,
Verschwindet er von selbst.

KOMMENTAR ZUM ZEHNTEN VERS:

Wenn unser Geist die Ruhe findet, seinen normalen Zustand, verschwindet er auf ganz natürliche Weise, von selbst, wie im Schlaf. Dies kennzeichnet den Vorgang beim Zazen.
Meister Keizan schrieb über diesen Vers ein berühmtes Gedicht:

Die weißen Wolken steigen herab und verschwinden.
Allein, mächtig und hoch ragt der Gipfel
des grünen Berges hervor
und stellt die hundert Berge in seinen Schatten.
Niemand gelangt an den Gipfel
des höchsten Berges.
Niemand versteht diesen geheimnisvollen Ort,
weder Buddha noch Gott,
kein Heiliger, kein Weiser vermag es auszudrücken,
mit der Kraft der Sprache
noch selbst durch die Stille.
Auch wenn wir tiefgründig studieren
und weit vordringen in der Suche
nach diesem Ort —
mögen wir tagelang hinschauen,
es ist, als hätten wir keine Augen,
mögen wir nächtelang horchen,

es ist, als hätten wir keine Ohren.
Diese Musik — die Melodie einer Harfe ohne Saiten,
einer Flöte ohne Öffnungen —
berührt die kältesten Herzen,
ihre Harmonie erschüttert den spöttischsten Geist.
Subjekt und Objekt, beide verschwinden,
die Betriebsamkeit der Erscheinungen
und die Tiefe der Weisheit
schlummern ein.
Es gibt keine Angst mehr,
keine Pläne, keine Berechnungen,
man denkt nicht mehr.
Der Wind legt sich, die Wogen verschwinden,
der Ozean wird ruhig.
Mit dem Abend schließen sich die Blüten,
die Leute gehen heim.
In den Bergen friedliche Stille.

SHODOKA

Lied vom Unmittelbaren Satori
von Yoka Daishi
Strophe 16 und 17[1]

Ich allein hier und jetzt verstehe diese Wahrheit:
Alle Buddhas, die Körper aller Meister
Sind gleich, sind eine einzige Wahrheit.
Diese Erkenntnis, Ausdruck der Nicht-Furcht,
Schallt wie Löwengebrüll.
Hundert Tiere hören diese Stimme
Und erzittern bis in die Knochen.
Selbst der mächtige Elefant kniet nieder
Und verliert seine würdevolle Haltung.
Allein der große Drache am Himmel
Lächelt friedlich und versteht.

[1] Die vollständige Ausgabe des SHODOKA mit ausführlichen Kommentaren von Meister Taisen Deshimaru erscheint im gleichen Verlag.

Ich übe Zazen, während ich über Meere und Seen reise,
Berge und Flüsse überquere,
Meister und Gegenden besuche.
Doch seit ich die Stimme von Sokei[2] verstand,
Weiß ich, daß Leben und Tod nicht existieren
Und nicht voneinander verschieden sind.

[2]Yoka Daishi war Schüler von Hui-Neng (Eno), der auf dem Berg Sokei lebte.

SAN DO KAI

Die Vereinigung von Essenz und Erscheinung
von Sekito Zenji[1]

Der Geist des Großen Meisters aus Indien wurde getreu von Ost nach West weitergegeben.
Es gibt Unterschiede im Wesen der Menschen. Manche sind intelligent, andere weniger.
Auf dem WEG gibt es keinen Meister des Südens und keinen Meister des Nordens.
Die Quelle des geistigen WEGES ist klar und rein, allein die Nebenflüsse sind verschmutzt.
Sich an die Erscheinungen zu heften, ist Ursache des Leidens, doch sich an die Wahrheit zu heften, ist nicht Erleuchtung.
Da sie alle voneinander abhängig sind, durchdringen sich die Erscheinungen.
Werden sie durch die Sinne wahrgenommen, scheinen sie ohne Zusammenhang.

[1]Eine von Meister Taisen Deshimaru ausführlich kommentierte Ausgabe dieses Textes ist im gleichen Verlag erschienen.

Wäre es nicht so, könnte man auch nicht der Unterscheidung entrinnen.
Alle Formen unterscheiden sich durch ihre Merkmale. Freude und Leiden scheinen getrennt.
Im Dunkel gibt es weder hoch noch tief, im Licht unterscheidet man das Reine vom Schmutzigen.
Die Vier Elemente des Körpers kehren von selbst zu ihrem Ursprung zurück, wie das Kind zur Mutter.
Das Feuer brennt, der Wind weht, das Wasser näßt, die Erde trägt.
Für die Augen gibt es Formen, für die Ohren gibt es Töne, für die Nase gibt es Gerüche, für die Zunge gibt es Geschmäcke.
Bei den Erscheinungen ist es wie mit den Blättern eines Baumes: sie stammen aus derselben Wurzel.
Anfang und Ende haben den gleichen Ursprung.
Edel oder gewöhnlich – wie es euch beliebt!
Die Dunkelheit lebt im Licht – seht nicht nur die dunkle Seite!
Das Licht lebt in der Dunkelheit – seht nicht nur die helle Seite!
Licht und Dunkel erscheinen als Gegensatz, doch sie sind voneinander abhängig wie ein Schritt vorwärts von einem Schritt rückwärts.
Jede Existenz hat ihren Nutzen, bedient euch ihrer, ohne auf ihre Stellung zu achten.
Erscheinung und Essenz fügen sich vollkommen ineinander.
Diese Wahrheit ist wie eine Lanze, die einen Pfeil mitten im Flug trifft.
Die Worte, die ihr hört, müssen an ihrer Quelle verstanden werden.
Konstruiert euch nicht eure eigenen Kategorien!

Eure Füße laufen auf dem WEG.
Versteht dies, wenn ihr ihn verwirklichen wollt!
Beim Vorwärtsgehen – in diesem Moment – gibt es weder nah noch fern.
Wenn ihr Illusionen habt, gibt es eine Trennung wie zwischen Berg und Tal.
Demütig sage ich denen, die den WEG suchen: verschwendet nicht den gegenwärtigen Augenblick!

FUKANZAZENGI

Für eine allumfassende Verbreitung der Prinzipien des Zazen
von Meister DOGEN

Der WEG[1] ist in seinem Wesen vollkommen. Er durchdringt alles. Wie könnte er also von Übung und Verwirklichung abhängen? Das Fahrzeug des DHARMA[2] ist frei und losgelöst von allen Fesseln. Wozu also ist das konzentrierte Bemühen des Menschen notwendig? Wahrlich, das GANZE[3] ist weit jenseits des Staubes der Welt. Wer könnte da glauben, es gäbe ein Mittel, es vom Staub zu befreien?[4] Er ist nie von irgend jemand unterschieden, niemals anderswo, sondern immer genau da, wo man gerade ist. Wozu also hier- oder dorthin gehen, um zu üben?

Und dennoch, wenn da ein Graben ist, und sei er noch so schmal, bleibt der WEG so fern wie der Himmel von der Erde. Wenn auch nur die kleinste Vorliebe oder Abneigung aufkommt, verliert sich der Geist in der Verwirrung[5]. Mag jemand glauben zu verstehen und sich täuschen über seine Erweckung, die Weisheit zwar

(Anmerkungen am Ende des Textes.)

erahnend, die alle Dinge durchdringt, mag er sich auf den WEG begeben und die Seele geläutert haben, mag er so den Wunsch in sich tragen, den Himmel zu erklimmen: er hat in begrenzter Weise begonnen, die Randzonen zu erforschen, doch er ist noch lange nicht auf dem ursprünglichen WEG der Vollkommenen Befreiung.

Muß ich vom Buddha sprechen, der die Erkenntnis von Geburt an besaß? Man spürt noch heute den Einfluß der sechs Jahre, während der er im Lotussitz saß, völlig unbeweglich. Und die Weitergebe des Siegels bis in die heutige Zeit hat die Erinnerung an Bodhidharma bewahrt, der neun Jahre vor einer Wand in Versenkung saß. So war es also schon mit den Heiligen von einst, wie könnten sich da die Menschen von heute der Aufgabe entziehen, den WEG zu bewältigen?

Daher müßt ihr diejenige Form der Übung aufgeben, die nur auf gedankliches Verständnis zielt, die den Worten nachläuft und bei der ihr an den Buchstaben klebt. Ihr müßt die Umkehr lernen, die euer Licht nach innen richtet, um so euer Wahres Wesen zu erleuchten. Körper und Seele werden so von selbst verschwinden, und euer ursprüngliches Gesicht wird sich zeigen.

Für Zazen ist ein stiller Raum geeignet. Eßt und trinkt in Maßen. Verwerft alle Verflichtung, und gebt alle Dinge auf. Denkt nicht: „Dies ist gut, das ist schlecht." Seid nicht parteiisch, nicht für noch gegen. Haltet alle Bewegung des bewußten Geistes an. Urteilt nicht mit Meinungen und Erwägungen. Beabsichtigt in keiner Weise, Buddha zu werden. (. . .)

Das Zazen, von dem ich spreche, ist nicht die gängige Lehre von der Meditation, es ist nichts weiter als das DHARMA von Frieden und Glück, die Übung/Verwirklichung vollkommener Erweckung. Zazen ist eine Offenbarung der letzten Wirklichkeit. Schlingen und Netze können sie nie einfangen. Wenn ihr das einmal im Herzen begriffen habt, werdet ihr sein wie der Drache, wenn er das Wasser erreicht, und wie der Tiger, wenn er die Berge durchstreift. Denn man muß wissen, daß genau in dem Augenblick (wenn man Zazen übt), sich das Wahre DHARMA offenbart, und daß man von Anfang an die körperliche und geistige Erschöpfung und die Zerstreuung verjagt. (. . .)

Ferner. die Öffnung des Wesens zur Erweckung durch einen Finger, eine Fahne, eine Nadel, einen Holzhammer, die vollkommene Verwirklichung durch einen Fliegenwedel, eine Faust, einen Stock, einen Schrei, dies alles kann durch das dualistische Denken des Menschen nicht vollständig erreicht werden. In der Tat kann es auch durch die Ausübung übernatürlicher Kräfte nicht noch besser erkannt werden. Das ist jenseits dessen, was der Mensch hört und sieht – und ist das nicht ein Prinzip, das v o r allem Wissen und jeder Wahrnehmung liegt?

Wenn dem so ist, so besagt es wenig, ob man intelligent ist oder nicht. Es gibt keinen Unterschied zwischen dumm und klug. Die Bemühung, ganz und gar konzentriert zu sein, bedeutet in sich schon, den WEG zu bewältigen. Die Übung/Verwirklichung ist ihrem Wesen nach rein. Fortschreiten ist eine Sache des Alltags.

Insgesamt wird das Buddhasiegel in dieser und in anderen Gegenden, in Indien wie in China, respektiert. Als Besonderheit dieser Schule ist maßgebend: ganz einfach Hingabe an die Versenkung im Sitzen, unbeweglich und mit ganzem Einsatz SITZEN. Wenn man auch davon redet, daß es soviele Seelen wie Menschen gibt, so bewältigen doch alle den WEG auf die gleiche Weise, durch die Übung von Zazen. Warum den Sessel aufgeben, der zu Hause für euch reserviert ist, um auf dem staubigen Boden fremder Gegenden umherzuirren? Ein einziger falscher Schritt, und ihr weicht von dem Pfade ab, der ganz gerade vor euch liegt.

Ihr habt die einzigartige Gelegenheit, menschliche Gestalt anzunehmen. Vertut nicht eure Zeit. Ihr tragt euren Teil der Essenz des BUDDHAWEGES in euch. Wer würde sich da noch an Funken aus einem Kiesel erfreuen? Form und Substanz sind wie der Tau auf dem Blatt, das Schicksal wie ein Blitz – verschwunden im Nu.

ANMERKUNGEN

1. Der WEG (*bodhi*): Erwachen, Erleuchtung, Wirklichkeit.

2. *Dharma*: im Sanskrit die Gesamtheit aller (Entwicklungs-)prozesse, die das kosmische Leben lenken. Die entdeckten und noch zu entdeckenden Gesetze des Universums. Bedeutet bald die Lehre des Buddha, bald alle Existenzen, oder auch alle Wahrheiten, die kosmische Wahrheit.

3. Das GANZE (*zentai*): Die Gesamtheit der Dinge, so wie sie sind (*tathata*); die Buddhanatur. Synonym zum WEG und Fahrzeug des DHARMA.

4. Der Staub der Welt: Anspielung auf die Verse des Hui-Neng (6. Patriarch), dem der 5. Patriarch, Hung-Jen (Konin), das Dharma übergab.

Shen-Hsiu, der Erste Schüler von Hung-Jen und in den Augen der anderen Mönche sein legitimer Nachfolger, hatte geschrieben:

Dieser Körper ist der Bodhi-Baum,
Die Seele wie ein glänzender Spiegel,
Sieh zu, ihn immer sauber zu halten,
Und laß kein Staubkorn sich darauflegen.

Hui-Neng, einige Monate zuvor nur in die Gemeinschaft aufgenommen, um Reis zu stoßen und Holz zu hacken, wagte zu antworten:

Der Bodhi ist kein Baum,
Der glänzende Spiegel leuchtet nirgends,
Wie seit dem ersten Augenblick gibt es nichts,
Wohin könnte der Staub sich legen?

5. Entlehnt aus dem SHINJINMEI.

6. *Konchin*: Zustand der Betäubung, Schläfrigkeit des Bewußtseins, der sich in geistiger und körperlicher Müdigkeit äußert.

Sanran: Zerstreuung, Umherirren, Mangel an physischer und geistiger Konzentration.

Zwei Zustände, die beim Zazen recht oft auftauchen und die korrekte Übung behindern.

ZAZEN SHIN

Der Geist des Zazen
von Meister Dogen

1. Die Essenz des Zen wird weitergegeben von Buddha zu Buddha, von Meister zu Meister. Sie wird ohne verstandesmäßige Deutung verstanden und ohne Frage nach dem Warum und Woher verwirklicht.
2. Da sie ohne Denken verstanden wird, ist sie unwillkürlich dem Herzen vertraut.
3. Da sie ohne Frage nach dem Warum und Woher verwirklicht wird, ist sie unbewußtes Satori.
4. Da sie unwillkürlich dem Herzen vertraut ist, kann sie niemals beschmutzt oder unrein sein.
5. Da sie unbewußtes Satori ist, kann sie nicht begrifflichen Vorstellungen wie gerade oder geneigt unterworfen sein.
6. Da diese Vertrautheit weder beschmutzt noch unrein sein kann, offenbart sie sich von selbst unbewußt, ohne Selbst-Bewußtsein.
7. Da dieses Satori nicht Begriffen wie gerade oder geneigt unterworfen sein kann, ist es auf sich selbst gestellt eigenen Mitteln und Wegen überlassen.
8. Das reine Wasser durchdringt die Tiefen der Erde. Wenn daher ein Fisch in diesem Wasser schwimmt,

hat er die Freiheit des Wahren Fisches.

9. Der Himmel ist weit und klar bis zum Rand des Kosmos. Wenn daher ein Vogel an diesem Himmel fliegt, hat er die Freiheit des Wahren Vogels.

Wenn der Geist den Menschen frei ist,
ist er MENSCH.

Ein Vers von Meister Kodo Sawaki zum *Zazen Shin*:

Das Dunkel des Kiefernschattens
Hängt ab
Von der Klarheit des Mondes.

華は愛惜にちり
草は棄嫌に生ふる
泰仙

Auch wenn ihr die Blumen liebt,
Verwelken sie.
Auch wenn ihr das Unkraut nicht mögt,
Wächst es.

GLOSSAR

AIKIDO: Der Weg der Harmonie mit dem kosmischen System.

BODHIDHARMA: Geboren im 6. Jahrhundert in Ceylon. Fuhr auf dem Seeweg nach China (Kanton). Begründer und erster Patriarch des Zen (*ch'an*) in China. Er übte 9 Jahre lang Zazen in den Bergen.

BODHISATTVA: „Lebender Buddha". Jeder kann klar erkennen, daß er ein solcher ist und sein Leben der Hilfe an anderen Menschen widmen, indem er an der gesellschaftlichen Realität teilnimmt. Nichts unterscheidet ihn äußerlich von den anderen, sein Geist jedoch ist Buddha.

BONNO: die Illusionen, die Täuschungen.

BUDDHA: Die Sanskritwurzel *budh-* bedeutet 'Erweckung' und Buddha: der Erweckte, der Erleuchtete. Dieses Wort bezeichnet den historischen Buddha Shakyamuni, der vor 2500 Jahren lebte und auch all jene, die die höchste Wahrheit, die Wahre Freiheit erreicht haben. Auch die Meister können Buddha genannt werden. Wir haben im Grunde unseres Wesens alle die Buddhanatur, die ursprüngliche Essenz des menschlichen Lebens.

DHARMA: Im Sanskrit die Gesamtheit aller (Entwicklungs-)prozesse, die das kosmische Leben lenken. Die entdeckten und noch zu entdeckenden Gesetze des Universums. Bedeutet meist die Lehre des Buddha, aber auch alle Existenzen, alle Wahrheiten, die kosmische Wahrheit überhaupt.

DO: Der WEG, die Höchste Wahrheit.

DOGEN: Dogen Zenji (1200 - 1253). Begründer des Soto-Zen. Ging 1223 nach China, wo er vier Jahre bei Meister Nyojo lernte. 1227 kam er nach Japan zurück und gründete 1244 den Tempel *Eihei-ji.*

DOJO: Der Ort, an dem die Schüler den WEG üben, das heißt die ZEN-Versenkung (ZA-ZEN).

EGO: Das „kleine", besitzende, begrenzte Ich, das in dem Maße zerstört werden muß, als es aus Illusionen besteht, während man ihm sonst gern echte Realität beimißt.

ENO: 638 - 713, chin. Hui-Neng, der 6. Patriarch. Er hat als erster in China Zen wirklich verbreitet. Unter seinen über 40 Schülern waren auch Nangaku und Seigen.

FUSE: Gabe, Geschenk ohne persönliches Ziel, das nicht nur materiell, sondern auch geistiger Natur ist.

GASSHO: Das Aneinanderlegen der Hände mit waagerechten Armen. Diese Haltung setzt keinen bestimmten Glauben voraus, sie ist das Symbol für die Einheit von Geist und Existenz.

GEMMAI: Traditionelle Suppe aus Naturreis und Gemüse.

HANNYA SHINGYO: (*Maka Hannya Haramita Shingyo; Maha Prajna Paramita Hridaya Sutra.*) Sutra der Essenz der Höchsten Weisheit oder Erkenntnis, oder „Herz der Vollkommenen Weisheit". Die Essenz einer über 600 Bücher umfassenden Sutrasammlung, Kerntext des gesamten Mahayana-Buddhismus. Das Hannya Shingyo wird nach jedem Zazen rezitiert.

HARA: Wörtlich 'Eingeweide', 'Unterbauch'. Physiologisch gesehen eine Konzentration von Nerven unter dem Nabel, die ebenso wichtig wie diejenigen an der Gehirnbasis sind. Durch die Zazenübung und die richtige Atmung erhält diese Nervengruppe große Energie und Kraft. Zentrum der Energie und der Aktivität.

HINAYANA oder THERAVADA: Hundert Jahre nach dem Tod des Buddha bildeten sich zwei Strömungen, eine konservative und eine progressive. Hinayana (der „Kleine Wagen") ist die passivere Richtung und gründet sich auf Gesetz und Vorschriften. Insbesondere in Südasien (Ceylon, Thailand, Birma u.s.w.) verbreitet.

HISHIRYO: Denken, ohne zu denken. Jenseits des Denkens.

I SHIN DEN SHIN: Von meiner Seele zu deiner Seele, von meinem Herzen zu deinem Herzen.

KARMA: Verkettung von Ursachen und Wirkungen. Die Handlung und ihre Konsequenzen. Handlungen, Worte und Gedanken befinden sich in einem engen wechselseitigen Abhängigkeitsverhältnis.

KEIZAN: Vierter Nachfolger Dogens. Gründer des Tempels *Soji-ji.*

KEKKA: Lotussitz. *Hanka*: Halblotus.

KESA: Das Symbol der Weitergabe der Lehre von Meister zu Schüler. Das Gewand des Buddha, das Gewand des Mönchs. *Rakusu*: kleines *kesa*, das für Alltag und Reise praktischer ist und allen Schülern, Mönchen wie Bodhisattvas, bei der Ordination übergeben wird. Es wurde ursprünglich von Buddha selbst geschaffen. Nachdem er die Zazenübung entdeckt hatte, begab er sich an das Ufer des Ganges, wo man die Toten verbrannte. Er nahm Stücke von Leichentüchern, wusch sie im Fluß, färbte sie mit ockergelber Farbe ein (*kasaya* bedeutet im Sanskrit Ocker) und fügte sie zusammen. Später nahm man zum Färben Blätter und mischte die Farben so, daß die gewaschenen und zusammengenähten Teile nutzlos gewordener Textilien eine „zerbrochene", nicht lebendige Farbe hatten. Die Nähte des *kesa* erinnern an ein Reisfeld, sein Sinn: Erinnerung an die Arbeit. Und vor allem: der am meisten abgenutzte Stoff kann der schönste und geheiligteste werden, wie das am tiefsten gesunkene Wesen die höchste Erweckung erlangen kann.

KI: Unsichtbare Aktivität voll kosmischer Energie. Wird zur Energie und Tatkraft des Körpers in jeder seiner Zellen.

KINHIN: Langsames Laufen nach dem Zazen in überlieferter Weise.

KOAN: Ursprünglich: „Gesetz, Regierungserlaß". Widersprüchliches Existenzproblem. Prinzip der Ewigen Wahrheit, die durch einen Meister weitergegeben wird.

KODO SAWAKI: 1880 - 1965. Der Meister von Taisen Deshimaru-Roshi, der diesem durch *shiho* die Lehre und damit sein geistiges Erbe weitergab.

KOLOMO: Das schwarze Gewand des Zen-Mönchs.

KU: Die Leerheit, das Schöpferische.

KUSEN: Die Unterweisung der Schüler beim Zazen.

KYOSAKU: Der Stock des Zen-Meisters. Der Schlag mit dem *kyosaku* beim Zazen hat sowohl anregende als auch beruhigende Wirkung.

MAHAYANA: Der „Große Wagen". Die progressive Strömung des Buddhismus. Allumfassende Liebe und Aktivität für das Wohl der Menschheit. Der aktive Weg. Verbreitet in China, Tibet und Japan.

MOKUGYO: Wörtlich „Holzfisch". Holzschlaginstrument zur rhythmischen Begleitung der Sutra-Rezitation in den buddhistischen Zeremonien.

MONDO: Fragestunde zwischen Meister und Schülern.

MUSHOTOKU: Ohne Ziel und Streben nach Profit.

NIRVANA: Vollständiges Erlöschen der Erscheinungsformen. Bezeichnet auch manchmal den Tod.

OBAKU: Die dritte Zenschule Japans. Im 9. Jahrhundert in China von Huang-Po (jap. Obaku), dem dritten Nachfolger von Hui-Neng (jap. Eno), Lehrer von Lin-Chi (jap. Rinzai) gegründet, wurde sie recht spät 1654 von In'gen in Japan eingeführt. Sie bewahrt die reine Lehre und die chinesischen Gebräuche.

RINZAI: Im Zen gibt es keine Sekten. Doch seit Eno bildeten sich fünf Schulen, gemäß ihrer Herkunft und ihren Erziehungsmethoden. Alle übten Zazen. Als wichtigste blieben Soto und Rinzai. Im Rinzai gebraucht man das *koan* in formalerer Weise, und Zazen, das mit dem Gesicht in den Raum gewandt geübt wird, wurde zu einer Methode, *satori* zu erreichen.

ROSHI: *ro*: alt, *shi*: Meister.

SAMADHI: (jap. *zammai*) Konzentration.

SAMPAI: Dreifache Verbeugung vor dem Buddha oder dem Meister, die Stirn am Boden, die Handflächen beiderseits des Kopfes zum Himmel gewandt. (Symbolisch für das Berühren der Füße des Buddha.) Dies ist der Ausdruck des höchsten Respektes, den ein Zen-Mönch erweisen kann.

SAMU: Die Konzentration auf die körperliche Arbeit.

SATORI: Das Erkennen der kosmischen Wahrheit, die Erweckung.

SENSEI: Lehrer.

SESSHIN: Eine Zeit intensiven Zazen-Trainings. Ein oder mehrere Tage gemeinsames Leben, Konzentration und Stille im *dojo*. Man übt vier bis fünf Stunden Zazen pro Tag, unterbrochen von Vortrag, *mondo*, *samu* und Mahlzeiten.

SHIHO: Urkunde der Weitergabe der Lehre und Nachfolge, die in einer Zeremonie übergeben wird.

SHIKI: Die Erscheinungsformen, die sichtbaren Dinge. Gegensatz: KU.

SHOBOGENZO: „Die Schatzkammer der Erkenntnis des Wahren Dharma“, das Hauptwerk Dogens.

SOTO: In der Soto-Schule des Zen übt man Zazen ohne Zweck, ohne Zielvorstellung und mit dem Gesicht zur Wand. Der Meister gibt nicht systematisch *koan*, sondern seine Antworten auf Fragen der Schüler sind aus dem Leben gegriffen und werden selbst zu *koan*.

SUMI'E: Malerei mit schwarzer Tusche, einfach und geistig.

SUTRAS: Die von seinen Schülern aufgezeichnete Lehre des Buddha. Wurden dann zur Lehre der Meister, sie enthalten die gesamte Lehre seit den Worten Buddhas.

TATHATA: Die Realität, so wie sie ist, das So-Sein.

THERAVADA: siehe HINAYANA.

TRANSMIGRATION: Seelenwanderung. Gemäß der indischen Lehre wird nach dem Tode die unzerstörbare psychische Energie (*atman*), die in jedem Wesen enthalten ist, in eine neue Schöpfung innerhalb der Drei Welten (Vgl. S. 117) reinvestiert, es sei denn, es gelingt ihr, aus dem Kreislauf der Wiedergeburten (*samsara*) zu entrinnen und das *nirvana* zu erreichen.

UNSUI: Schüler. Wörtlich: 'Wolke und fließendes Wasser'. Die Mönche reisten von Tempel zu Tempel.

ZAFU: Hartes, mit Kapok gefülltes Kissen für die Zazenübung. Der Buddha fertigte sich ein Kissen aus trockenen Blättern. Es ist notwendig, erhöht zu sitzen, damit man die Knie auf den Boden legen und die Wirbelsäule leicht geraderichten kann.

ZANSHIN: Der Geist, der unbeweglich bleibt, die rechte Aufmerksamkeit, die nach der ausgeführten Handlung nicht schwächer wird.